Josef Ettlinger

Theodor Fontane
Ein Essay

Ettlinger, Josef: Theodor Fontane. Ein Essay
Hamburg, SEVERUS Verlag 2013

ISBN: 978-3-86347-465-2
Druck: SEVERUS Verlag, Hamburg, 2013

Der SEVERUS Verlag ist ein Imprint der Diplomica
Verlag GmbH.

**Bibliografische Information der Deutschen
Nationalbibliothek:**
Die Deutsche Nationalbibliothek verzeichnet diese
Publikation in der Deutschen Nationalbibliografie;
detaillierte bibliografische Daten sind im Internet über
http://dnb.d-nb.de abrufbar.

Theodor Fontane

Ein Essay

von

Josef Ettlinger

SEVERUS

DR. ARTHUR ROSENHEIM

in alter Freundschaft

REISENDER WEIN UND EDLE Saiteninstrumente genießen des Vorzugs, daß das Alter ihren Wert höher und höher steigert. Der Mensch aber, den diese Göttergaben erquicken sollen, empfindet das nahende Alter meist als Feind und Leidenbringer. Und der Künstler zumal, in dem fast immer ein Stück von Ibsens Halvard Solneß steckt, fürchtet mit Recht den langen Lebenswinter, der seine Schöpferkraft schwinden und ihn zum Pfründner seines eigenen Ruhmes macht. Denn mit dem Niedergang seines physischen Lebens pflegt der seines Schaffens zusammen zu fallen.

Verschwindend wenige Ausnahmen widerlegen dies Naturgesetz. Die olympische Erscheinung des alten Goethe wirkt auf uns als Mirakel, wiewohl auch für ihn das sechzigste Jahr den Höhepunkt des Erreichten bedeutete. Seiner beispiellosen Wesensfülle ist nichts zur Seite zu stellen. Die Zahl seiner Jahre haben auch andere erreicht, aber kaum einer, der nicht vorher sich selber überlebt gehabt hätte. Aus unseren Tagen darf man Adolf Menzel als einen der Seltenen und Großen anführen, die das Greisenalter nicht bergab und zum Stillstand geführt hat. Auch an Verdi und die wundersame Nachblüte, die ihm im letzten Jahrzehnt seines Patriarchenalters beschieden war, wird man sich als an ein ähnliches Beispiel erinnern. Vor allem aber steigt, wenn man diese künstlerische Altersfrage ins Auge faßt, der Name Theodor Fontanes auf, dessen dichterischer Entwicklungsgang dem ehernen Gesetze des

Alterns und Vergehens zu spotten scheint, wie kaum der eines andern.

Denn darin besteht, zunächst schon aufs äußerliche hin angesehen, das ganz Singuläre dieser Dichterpersönlichkeit, daß hier Blüte, Reife und Ernte sich in dem kurzen letzten Viertel eines fast achtzigjährigen Lebens zusammendrängen konnten: eine Erscheinung, die in der Literaturgeschichte der ganzen Welt ihresgleichen wahrscheinlich noch nicht gesehen hat. Schwerlich wird sich ein zweites Beispiel dafür finden lassen, daß ein Dichter mit seinem ersten größeren Werke als angehender Sechziger erst vor die Öffentlichkeit trat, dann fast Jahr um Jahr immer neue Schöpfungen zur Reife brachte und endlich den Zenith seines Schaffens fast im selben Augenblick erreichte, da ihm ein rascher, unvorbereiteter Tod die Feder entfallen ließ.

In dieser merkwürdigen Verspätung seiner dichterischen Produktion ist der Schlüssel für den eigentümlichen Persönlichkeitszauber gegeben, der den Leser von Fontanes Romanen je mehr, je länger er sich mit ihnen beschäftigt, gefangen nimmt. Er beruht in der glücklichen Verbindung einer unverbrauchten Gestaltungskraft mit der abgeklärten, gereiften Herzensweisheit, die nur in der Schule eines langen, unverwöhnten Lebens erworben wird. Durch das Zusammenwirken dieser beiden Faktoren konnten Werke entstehen, in denen die Leidenschaft flieht und die Liebe bleibt, Werke, die jenseits von Gut und Böse, jenseits von Vorurteil und Partei, von Pathos und Feierlichkeit stehen, Werke der alles verstehenden Güte, der nach- und weitsichtigen Welterkenntnis, der skeptisch-toleranten Über-

zeugung von der Fehlbarkeit der menschlichen Natur und der
tragischen Bedingtheit ihres Selbstbestimmungrechts. Und
aus dieser Spätreife seines Schaffens erklärt sich auch Fontanes Außenseiterstellung zu der letzten Umwälzungsperiode
unserer Literatur: alt an Verstand, jung am Herzen, stand er
der neuen Generation gegenüber wie Richard Wagners
Hans Sachs dem unzünftigen „Neutöner" Walther Stolzing,
unabhängig von den Tabulaturen der alten Schule, doch
ohne sie gering zu achten, und voll offensinniger Will-
kommensfreude für alles Neue, Junge, Gärende, wofern
es nur Entwicklung verhieß.

Was das späte Eintreten Fontanes in seinen dichterischen Beruf veranlaßte, waren im wesentlichen äußere, zufällige Gründe. Er empfand sie oft hart, weil er sich zu
Besserem geboren fühlte, als sich in der Sorge um den
Broterwerb aufzubrauchen; wir aber dürfen sie heute vielleicht preisen, weil es zum mindesten ungewiß ist, ob uns sonst
je die Fülle einer solchen Spätherbsternte beschieden und
der Theodor Fontane, den wir lieben und verehren, jemals
unser geworden wäre. Und war es wirklich nur der Zufall äußerer Fügungen, der sein Schaffen so lange auf- und
zurückhielt — wahrscheinlich war es aber doch mehr —,
so war dieser Zufall die Wiege seines Ruhmes, weil er
ihn hinderte, sich frühzeitig auszugeben und in der Ge-
meinschaft der glatten, formalistischen, romantisch drapierten
Münchener Schule zu verlieren, in die ihn seine ursprüng-
liche Anlage und die ganze Richtung seiner literarischen Be-
ziehungen sonst vielleicht hätte einschwenken lassen. Nur
ein δαρεῖς ἄνθρωπος, zu dem ihn die ersten sechzig Jahre
seines Lebens gemacht hatten, war fähig, Werke von solcher

Beobachtungskraft und lebendiger Weisheit hervorzubringen,
wie es nachmals seine Romane in zunehmendem Grade waren.
Nur die klare, ungetrübte, illusionsfreie Atmosphäre auf
der Altershöhe eines sparsam genossenen Lebens konnte
diesen Weitblick, diese gerechte und lächelnde Menschen-
kenntnis verleihen. Nur wer so lange als interessierter
Zuschauer das Gewühl des großen Eitelkeitsmarktes durch-
streift hatte, daß er innerlich reich genug war, von den
Renten seiner Erfahrungsschätze zu zehren, verfügte über
die Mittel, an einer solchen Menge von charakteristischen
Gestalten aller Gesellschaftsschichten die Kreuz- und Quer-
läufe des Lebens darzustellen, wie es dem „alten" Fontane
gegönnt war.

FONTANES DICHTERISCHE PHYSIOGNOMIE
wird auf den ersten Blick hin zunächst durch ein ne-
gatives Merkmal bestimmt: durch das Abhandensein
des lyrischen und des dramatischen Elements. Zwar scheint
die lyrische Seite nicht ganz und gar zu fehlen. Aber wenn
irgendwo, so zeigt sich in dem starken Bande „Gedichte",
der den Namen Theodor Fontane trägt, daß die Versform
ebensowenig ausschließlich auf das Lyrische angewiesen
ist, wie die Lyrik auf die gebundene Form des Verses; denn
außer ein paar kleinen Liebesliedern auf den allerersten
Seiten, in denen sich kein stärkerer Gefühlsaccent hervor-
wagt, und einigen bescheidenen Naturstimmungen enthält
die Sammlung durchweg nur Balladen, Sprüche und jene
kurzen Reflexionen in strophenlosen Versen, die in ihrem
konversationsmäßigen Tonfall und ihrer meist humoristisch-
epigrammatischen Prägung eine fontanische Spezialität und

JUGENDBILDNIS THEODOR FONTANES
Gezeichnet während seines ersten Londoner Aufenthaltes (1844) von J. W. Burford

GEBURTSHAUS FONTANES IN NEURUPPIN

in seinen letzten Jahren die bevorzugte Ausdrucksform seiner „Nebengedanken" waren.

Die eigentlich lyrische Ader fehlt also ersichtlich ganz, das zeigt nicht nur die kaum nennenswerte Zahl der im engeren Sinn lyrischen Gedichte, die Fontane selbst der gedruckten Überlieferung für wert hielt, sondern auch die wenig hochachtungsvolle Art, mit der er später in seinen Lebenserinnerungen seiner einstigen „Dichterei" Erwähnung tut. Um die goldene Zeit des zwanzigsten Jahres herum schlug der junge Apothekersmann wohl noch fleißig die Leier des Troubadours, aber der literarische Umgang mit den Berliner Tunnelbrüdern ließ ihn nachher bald davon abkommen und inne werden, daß der eigentliche Bezirk seiner poetischen Begabung die Ballade sei. Mit einem hübschen Wort hat er gelegentlich später in den „Kinderjahren" diese lyrische Periode selbst abgetan, wenn er von einem sentimental-schmachtenden Tenorsänger meint, er habe mit ihm in bestimmten Epochen seines Lebens eine gewisse Ähnlichkeit gehabt, denn „Tenor oder Lyrik macht wenig Unterschied". Aber mit dieser Ansicht sollte natürlich nicht etwa die echte Lyrik in ihrem hohen Wert herabgesetzt werden, denn für diese besaß Fontane, trotzdem sie ihm selbst versagt war, stets das feine Ohr und Verständnis des geborenen Kenners. Besonders war schon frühzeitig Lenau der Gegenstand seiner Verehrung, dessen Gedichte ihn zeitlebens begleiteten — noch in dem Roman „Graf Petöfy", der teilweise in Ungarn spielt, findet man die deutlichen Spuren dieser Lenauschwärmerei — und von neueren hatte er namentlich für Theodor Storms Lyrik, so wenig er sich diesem „Weihekußmonopolisten" im Leben wahlverwandt fühlte, die unbeschränkteste Bewunderung.

Ebensowenig wie der lyrische Gefühlsausdruck lag die Begabung für das Dramatische in Fontanes dichterischem Wesen, wenigstens soweit dabei der seelische Affekt in Frage kam. Stoffliche Spannung und dramatische Situationen bringt wohl auch seine Balladenkunst in konzentrierter Form mit sich, aber die unmittelbare Darstellung von Leidenschaften und Gefühlskrisen, der Kothurnschritt der Sprache und der Empfindungen entsprach nicht seiner Art, und wie richtig er die Grenze seiner Kunst nach dieser Richtung erkannte, zeigt die Tatsache, daß er nie auch nur den Versuch unternommen hat, ein Theaterstück zu schreiben. (Eine früh entstandene Übersetzung des „Hamlet" blieb ungedruckt.) Und doch hat er späterhin als Schauspielkritiker den Beweis erbracht, daß ihm die Ästhetik des Dramas und die Optik der Bühne vertraut waren wie wenigen.

Es hält nicht schwer, diese Ausschaltung des lyrischen und dramatischen Elements durch die Reihe von Fontanes Romanen hin zu verfolgen. Die beiden Quellen lyrischer Empfindung, Natur und Liebe, scheinen hier nur außerhalb des Dargestellten zu fließen. Naturstimmungen, von den nötigsten Andeutungen abgesehen, fehlen ganz, und nach Szenen, in denen sich starke Affekte entladen, würde man vergeblich suchen. Ganz besonders bezeichnend für diese Abneigung gegen alles, was auf dem Wege zu Emphase und schönem Wahnsinn liegt, ist die Art, wie der Dichter in seinen Romanen die liebenden Paare reden läßt, oder richtiger gesagt: wie er sie schweigen läßt. Etwas, was nach einer eigentlichen Liebesszene klingt oder aussieht, läßt sich da kaum irgendwo entdecken, nichts von gestammelten Schwüren, von Seufzern, Tränen, nichts von der Rotglut der Leidenschaft. Mit einer Scheu, die vielleicht gelegentlich nüchtern, fast immer aber als der Ausdruck einer ungemeinen Keuschheit wirkt, wird alles vermieden und umgangen, was „Szene" genannt werden könnte. Mit einer Kunst der Andeutung, die in Fontane vielleicht ihren stärksten Meister hat, werden Krisen und Peripetieen des Gefühls dem Leser niemals erzählt oder vorgespielt; nur erraten und ahnen darf er sie, wie sie zumeist auch im wirklichen Leben nur geahnt und erraten zu werden pflegen. Dieser psychologische Lakonismus, wenn der Ausdruck gestattet ist, tritt schon gleich im ersten Roman („Vor dem Sturm") so bemerkbar auf, daß man im Verlaufe der Handlung erst ziemlich spät gewahr wird, zwischen welchen der verschiedenen Herzenspaare sich zartere Fäden schlingen, und er bildet sich mit den folgenden Werken allmählich so weit aus, daß im „Stechlin" das ganze Wirken, Wachsen und Sicherfüllen eines Herzensbundes in die sechs Worte zusammengedrängt erscheint, die Komtesse Armgard ihrer älteren Schwester ins Ohr flüstert: „Ich glaube fast, ich bin verlobt." Wobei das eine Wörtchen „fast", das allein ein ganzes Kapitel aufwiegt, jene Kunst der Andeutung auf einem ihrer Gipfel zeigt

Eben diese Kunst aber scheint mir bei Fontane in gerader Linie auf seine stark entwickelte Neigung und Begabung für die Ballade zurückzugehen; denn zu dem eigensten Wesen der volkstümlichen Ballade, wenigstens der nordgermanischen, gehört gerade der mysteriöse Zug, der sprungweise von Ereignis zu Ereignis geht, die Übergänge und

tieferen Zusammenhänge aber im Dunkeln läßt, und gehört
ferner das tragische Walten eines unentrinnbaren Schicksals, dem die Menschen wie einer Vorbestimmung erliegen.
Der Dichter selbst läßt in seinem Roman „Vor dem
Sturm" an einer Stelle, an der über eine Ballade gestritten
wird, jemand die Worte sagen: „Überall hab' ich wahr-
genommen, daß das sprungweise Vorgehen zu den Kennzeichen und Schönheiten dieser Dichtungsgattung gehört.
Die Phantasie muß nur den richtigen Anstoß empfangen;
ist dies geglückt, so darf man kühn behaupten: je weniger
gesagt wird, desto besser." In diesem letzten Satze
steckt schon die ganze überlegene Technik der späteren
fontanischen Romane.

ZUR BALLADE FÜHRTE DEN DICHTER SEIN
früh entwickelter Sinn für das Historische oder richtiger für das Anekdotische, denn die Ballade ist ihrer
ganzen Natur nach zumeist nur die poetisch zugeschliffene
höhere Form der Anekdote. Die Vorliebe für das Anekdotische
aber war schon dem Knaben Theodor durch seinen Vater ein-
geimpft worden, der ein unerschöpflicher Erzähler von Geschichten besonders der napoleonischen Zeit war und den
Jungen mit dieser willkommenen Kost nie genug füttern konnte, was er dann seine „sokratische Methode" des Unterrichtens
nannte. Die romantische Welt Walter Scotts, die später,
durch eigene Reisen nach England neu belebt, in Fontanes
Dichtungen einen so bevorzugten Platz einnehmen sollte,
ward ihm gleichfalls durch den Vater zuerst erschlossen.
In den farbengrellen Guckkastenbildern der Swinemünder
Jahrmarktsbuden zogen ihm die eben erst ausgefochtenen

THE LONDESK TOWER IN SINOE THE HIGH SCHOOL

Freiheitskämpfe der Neu-Hellenen vorbei. Die ersten Zeitungen, die der Elfjährige lesen durfte, waren voll von den Wechselfällen der Pariser Julirevolution, und wenig später nahm der polnische Insurrektionskrieg die Phantasie des Knaben gefangen, der so schon in den ersten Jahren des eigenen Denkens von historischen Eindrücken umringt und beherrscht war.

Wie dereinst bei dem Erwecker der deutschen Ballade, bei Bürger, war es die Berührung mit der englischen Balladenwelt und speziell mit Percys bekannter Sammlung „Reliques of Ancient English Poetry", die seinem eignen Zeugnis nach auf Jahre hinaus sein Schaffen bestimmte, und diese Jahre umfaßten ungefähr die Berliner Zeit von Mitte der Vierziger- bis Mitte der Fünfzigerjahre, in der die überwiegende Mehrzahl aller Balladen entstand und vor dem kritischen Forum des „Tunnels" die Feuerprobe zu bestehen hatte. Zuvor hatte Theodor Fontane acht Lehr- und Gehilfenjahre in Apotheken Berlins, Leipzigs und Dresdens verbracht und dann im Sommer 1844 auf seiner ersten kurzen Englandreise, zu der ihm die Freigebigkeit eines Jugendfreundes verhalf, unmittelbar den historischen Zauber von Westminster-Abbey, Hampton-Court und besonders des düsteren Tower, dieser uralten Zwingburg und Schädelstätte der britischen Geschichte, auf sich wirken lassen. Unter den Eindrücken dieser Reise lebte in einer Reihe kurzer strophischer Dichtungen die wilde und dunkle Welt der Plantagenets, Tudors und Stuarts wieder auf, die blutigen schönen Schatten der königlichen Geliebten Rosamunde Clifford, Marie Duchatel, Jane Grey, Anna Boleyn wurden heraufbeschworen, der Heldenmut

und die Vasallentreue der Douglas und Hamiltons im Liede
gefeiert. Deutlich klingt der englische Balladenton mit
seinem galoppierenden anapästischen Rhythmus aus vielen
dieser Strophen wieder; andere lassen die Einwirkung
Platens nicht verkennen, aber es herrscht eine Fülle der
Formen und Töne, und jeder Stoff hat die ihm angemessenste
rhythmische Einkleidung — tatsächlich sind kaum zwei
dieser englisch-schottischen Balladen einander im Strophen-
bau gleich. Daß unter ihnen der herrliche „Archibald
Douglas" die meisten Verehrer gefunden hat, dankt er
wohl zum Teil der schöpferischen Tonkunst Carl Löwes,
aber auch für sich allein genommen, ist das Gedicht ein
Kronjuwel der deutschen Balladendichtung und als hohes
Lied der Treue ein Seitenstück zu Strachwitzens „Herz
von Douglas", das ebenfalls in der Sphäre des Berliner
„Tunnels" kurz vorher entstanden war.

Um Eines Stückes willen geliebt werden, aber nun auch
gründlich, ist das Schönste, was einem Dichter zuteil werden
kann, sagt Fontane da, wo er auf dieses Gedicht von
Strachwitz in seinen Erinnerungen zu sprechen kommt.
Man kann sagen, daß er als Balladendichter dieses Glück
mit seinem Archibald erlebt hat, und wenn mit diesem
noch nicht, so doch mit seinem Husarengeneral Joachim
Hans von Zieten, mit dem er sich außer den Großen auch
die stets kriegslustige Jugend aller deutschen Schulen er-
obern sollte. Das Zietengedicht, gleich den meisten andern
deutschen und märkischen Balladen in dem oben umgrenzten
Jahrzehnt entstanden, gehört einem Zyklus von Feldherrn-
gedichten an, die alle in derselben alten Zietenweis die
verschiedenen fritzischen Generale samt dem Derffling und

dem Dessauer besangen. Daneben fand noch manches andere Blatt der märkisch-preußischen Geschichte hier seine
dichterische Illustration, auch späterhin noch die Tage von
Düppel oder Langensalza, nicht aber mehr der große Krieg
von 70/71, obwohl der Dichter diesen ebenso wie die beiden
früheren Feldzüge als Augenzeuge mit erlebte. Was die
persönliche Teilnahme an diesen Kriegen ihm, dem klassi-
schen Schlachtenbummler, an Eindrücken hinterließ, hat er
nachmals in den drei Kriegsbüchern niedergelegt, die er
einem übernommenen Auftrag gemäß bald nach Beendigung
eines jeden der drei Feldzüge erscheinen ließ.

DER AUSBRUCH DES DÄNISCHEN KRIEGES
fiel just in dieselbe Zeit, da Fontane, damals schon
ein Fünfundvierzigjähriger, mit der Niederschrift seines ersten Romanes beschäftigt war. Unter dem Fenster seines
Arbeitszimmers — in der heutigen Königgrätzerstraße — ras-
selten die österreichischen Kanonen auf dem Wege nach Schles-
wig-Holstein vorüber, als er an den ersten Büchern von „Vor
dem Sturm" schrieb. Man stand eben damals wieder wie
fünfzig Jahre vorher vor einem „Sturm", und da die Berufs-
und Erwerbspflichten den Dichter zwangen, sein angefangenes
Werk im Schreibpult zu verschließen, so sollte noch ein
ganzes Dutzend Jahre darüber verstreichen, bis der an-
gehende Sechziger der Mitwelt seinen ersten großen Roman vorlegen durfte.

Dem Apothekerberuf hatte er inzwischen ohne Schmerz
entsagt und sich erst eine Weile als freier Schriftsteller
durchgebracht, dann, um endlich nach mehr als fünfjähriger
Verlobungszeit seine Braut heimführen zu können, zunächst

einen Posten in der Presse-Abteilung des preußischen
Staatsministeriums übernommen, später als ständiger Mit-
arbeiter für englische Angelegenheiten an den offiziösen
Blättern „Preußische Zeitung" und „Die Zeit" gewirkt, in
deren Auftrag er den Sommer 1852 zum Studium der
politischen Verhältnisse in London verbrachte, und sich daneben durch Privatstunden verschiedener Fächer und Vor-
lesungen in geschlossenen Kreisen den Unterhalt für sich
und die Seinen verschafft. Der Entschluß der preußischen
Regierung, zur Unterstützung ihrer Politik eine deutsch-
englische Korrespondenz zu gründen, führte ihn im Herbst
1855 wieder nach London, diesmal gleich für mehrere
Jahre; erst der Sturz des Ministeriums Manteuffel hatte
im Januar 1859 seine Rückkehr nach Berlin zur Folge. Hier
vermittelte im nächsten Jahre Georg Hesekiel seinen Eintritt in die Redaktion der „Kreuzzeitung", der er ein volles
Jahrzehnt hindurch, bis zum Frühling 1870 angehörte. Nach
dem Kriege folgten dann die Jahre dauernder Seßhaftigkeit
in Berlin, die nur noch durch ein paar Reisen nach Italien
und die allsommerlichen Erholungswochen unterbrochen
wurden und ganz der literarischen Produktion gehörten.
Das einzige Amt, das der Dichter noch zwei Jahrzehnte
lang pflichttreu bekleidete, war das des Schauspielkritikers
an der „Vossischen Zeitung": den Versuch, als O. F. Gruppes
Nachfolger den gut dotierten Posten eines Sekretärs der
kgl. Akademie der Kunst zu bekleiden (1875), gab er nach
wenigen Monaten mangels jeglichen Talentes zur Büreau-
kratie von selbst wieder auf.

  Die literarische Frucht der beiden großen England-
reisen waren die Reiseskizzenbücher „Ein Sommer in Lon-

Verlag von R. Wagner, Berlin

„Joachim Hans von Zieten.
Husaren-General.
Dem Feind die Stirne bieten
Er that's wohl hundert Mal."

Nach einer Radierung Adolph v. Menzels aus dem Jahre 1850

don" und „Jenseits des Tweed", die in neuerer Zeit unter
dem Titel „Aus England und Schottland" zu einem Band
vereinigt erschienen sind. Sie wurden die Vorläufer zu
dem großen historischen Landschaftswerke Fontanes, zu
den vierbändigen „Wanderungen durch die Mark Branden-
burg", die ihn mit Unterbrechungen während der ganzen
Sechziger- und Siebzigerjahre beschäftigten.

IN DER FREMDE, IN SCHOTTLAND, ALS ER
den historischen Denkwürdigkeiten dieses blutgetränk-
ten Bodens an Ort und Stelle nachging, war ihm die
Anregung dazu gekommen, auch in seiner eigenen Heimat
die reichen historischen Überlieferungen der Städte, Dörfer,
Schlösser und Klöster zu sammeln und in künstlerischer
Fassung herauszugeben, und unmittelbar nach seiner Rückkehr
ließ er dem Vorsatz die Ausführung folgen. Was dabei entstand, war alles eher, als eine systematisch angelegte Landes-
geschichte, noch weniger, wie der Titel manchen vermuten
läßt, eine Art von literarisch veredeltem Bädeker oder
Gsell-Fells. So verschieden die Stoffe, die es zu verarbei-
ten gab, so verschieden war die Art der Behandlung, die
sie erfuhren, und der Umfang der in loser Folge aneinander gereihten Kapitel und Kapitelchen. Man fühlt, alles
ist sorglos, aber mit gleicher Liebe für das Geringste ge-
sammelt, wie der Feldblumenstrauß eines Spaziergängers.
Landschaftliches wechselt mit Historischem, Städtebilder
mit Regimentsgeschichten, alte Familienaufzeichnungen mit
kunsthistorischen Exkursen, Anekdoten und Sagen mit
Streifzügen ins Folkloristische, genealogisch-heraldische
Studien mit Plaudereien über den aussterbenden Eibenbaum

oder die erlauchte Sippe der Havelschwäne. Das beste
aber sind von allem doch die zahlreich eingestreuten bio-
graphischen Medaillons und Silhouetten, deren Gegenstände
vielleicht in den meisten Fällen nicht gerade Anspruch auf
einen Pantheon-Sockel hatten, hier aber durch die enge
Beziehung zu den geschilderten Örtlichkeiten schon rein
menschlich dem Interesse nahegerückt werden. Es gehörte
der ganze Eifer eines passionierten Sammlers und das Herz
eines Dichters dazu, dieses einzigartige Buch der Heimatliebe zu schaffen und zu Ende zu führen, zu dem sein
Schöpfer mit immer neuer Freude zurückkehrte, wenn ihn
die Pflichten des Kriegshistorikers wieder auf eine Weile
in die Ferne gezogen hatten. Er hat dieses Land entdeckt,
das so lange nur als des heiligen römischen Reichs Streu-
sandbüchse verrufen war, und hat gezeigt, daß man nur
richtig zu sehen verstehen müsse, um auch diesem schein-
bar so kargen Boden Schätze und Reize vieler Art abzu-
gewinnen.

So war auf die Epoche der Balladen die Epoche der
Wanderbücher gefolgt, der englisch-schottischen, der märkischen und der Kriegsbücher, zu denen sich noch nachträg-
lich das autobiographische Erinnerungsbuch „Kriegsgefangen"
und die Schilderungen „Aus den Tagen der Okkupation"
gesellten. Das ganze Pensum dieser mehr das Journalisti-
sche streifenden Arbeitsfülle verlangte der unumgängliche
Kampf ums tägliche Brot, bevor dem Dichter endlich die
Zeit und Atemfreiheit gegönnt ward, seinen Beruf als
Epiker des modernen Lebens zu erfüllen und die erste große
Romanschöpfung, zu der es ihn gedrängt hatte, nach so
vielen Stockungen zum Abschluß zu bringen.

DIE ZEITLICHE VERZETTELUNG, MIT DER „Vor dem Sturm" entstand, ist dem Roman kaum irgendwie anzumerken, es sei denn darin, daß er zu Anfang noch ersichtlich im Banne von Willibald Alexis steht, späterhin aber frei und freier zu seinem eigenen Erzählungsstil durchdringt. Kleine Altfränkischkeiten in der Art, wie Personen eingeführt, Kapitelübergänge hergestellt werden, ein zu weitläufiges Ausholen in Nebendingen, ein gelegentliches Zuviel an angeknüpften Fäden, die nicht ausgesponnen werden, ein Überreichtum an Episoden und selbständigen kleinen Einlagen verraten wohl noch da und dort die Anhängigkeit des bejahrten Anfängers vom Stoff und den Mangel an Ökonomie. Aber was hier schon zu einer erstaunlichen Höhe entwickelt erscheint, das ist die ungemeine Kunst der Charakteristik, die um so eindrucksvoller wirkt, weil eine Überfülle von Personen aller Stände, vom Staatsminister bis herab zum Hütejungen und zur Botenfrau, den Roman bevölkert. Der Reichtum an Gestalten müßte verwirrend wirken, wenn nicht jede einzelne, auch die nebensächlichste, mit einer Schärfe gesehen und festgehalten wäre, die sie dem Leser unmittelbar einprägt. Von den Familien von Vitzewitz und Ladalinski abgesehen, die das Vordergrund-Ensemble stellen: welche Galerie von Charakterköpfen und wieviel Schattierungskunst, wo es gilt, einer bestimmten Gesellschaftsschicht das Kolorit ihrer Zeit zu geben! Die aristokratisch-militärische Tafelrunde auf Schloß Guse, in der noch Traditionen des ancien régime und der Rheinsberger Prinz Heinrich-Fronde gepflegt werden; die Sitzungen des Vereins „Kastalia", in dessen angeregten Literaturgesprächen die ganze Zeit der jüngeren

Romantik lebendig wird; die Abendfête bei dem Geheimen Rat Ladalinski in der Königstraße mit ihren Gruppenbildern aus der höheren Berliner Gesellschaft von 1813 und als Gegenstück dazu der Geburtstagsabend bei Madame Hulen in der nahen Klosterstraße mit seinem ergötzlichen Quodlibet kleinbürgerlicher Typen und Szenen; die kannegießernden Sonntagsphilister auf dem Windmühlenberg und die Tabakskollegien der Hohen-Vietzer Ganz- und Doppelbauern im Dorfkrug: alle diese Kreise und Schichten in der Verschiedenheit ihrer Erscheinungen, Anschauungen, Interessen und Redeweise ergeben ein reichgemustertes, farbenechtes Zeitbild aus den Tagen der preußischen Volkserhebung.

Manche Züge mögen hier noch auf eigene Jugendeindrücke des Dichters zurückgehen, denn Louis Fontane, der Vater, hatte selbst als freiwilliger Jäger bei Großgörschen im Feuer gestanden, und seine Erzählungen aus dieser Zeit, mit denen er nicht sparte, gehörten zu den dauerhaftesten Eindrücken der Swinemünder Kinderjahre. Lebendig geworden aber waren sie so recht erst wieder jetzt nach Jahrzehnten durch die Wanderungen in der Mark und durch die unmittelbare Berührung mit so vielen denkwürdigen Örtlichkeiten. Man fühlt die innige Vertrautheit des Erzählers mit seinem Boden und seinen Menschen nicht sowohl an der Masse des anekdotisch Eingestreuten, an dem reichlichen Einschlag von allerhand Schloß- und Familienchronik, als an der unmittelbaren Anschaulichkeit der Menschendarstellung, die den Eindruck glaubwürdiger Echtheit in Ton, Farbe, Licht nirgends ausbleiben läßt.

Mit Genehmigung von J. Spiro, Berlin.

DAS BERLINISCHE RATHAUS ~

Mit einem ganz geringen Aufgebot an äußeren Vorgängen wird die halb dumpfe, halb hoffnungsfreudige Stimmung der Brandenburger nach der Beresina-Katastrophe
charakterisiert, die halblaute, noch unterirdische Unruhe
der patriotischen Bewegung, die seit der Konvention von
Tauroggen immer mächtiger nach endlicher Selbstbefrei-
ung drängte. Keine großen Welttheaterbilder werden auf-
gerollt, keine Gefechte, Truppenaufzüge, Paraden, Massen-
szenen ziehen vorüber, von ein paar eingelegten Erinne-
rungsblättern über Borodino und den spanischen Krieg
abgesehen. Der Mann im kleinen Hütchen, Friedrich
Wilhelm III. samt allen anderen Protagonisten der Zeit
bleiben hinter der Szene. Alles spielt sich im Gebiet
des Genremäßigen, teils in einem bestimmten Kreise der
Berliner Gesellschaft, teils und hauptsächlich draußen auf
dem Land in der Oderbruchgegend um Cüstrin herum ab
und gipfelt in dem wohlvorbereiteten, aber mißglückten
Handstreich einiger freiwilliger Landsturm-Kompagnien,
die auf eigene Faust einen nächtlichen Angriff auf die
Festung Frankfurt a. O. und ihre französische Besatzung
unternehmen.

Was dieser einzigen Hauptaktion des vierbändigen Romans vorangeht, ist ein geschlossenes Kulturbild, in das
nur wie unabsichtlich und beiläufig, aber um so reizvoller
die Liebesgeschichte einiger junger Herzen intarsienartig
eingelassen ist. In dem schöngeistigen Klub Kastalia ist
dem „Tunnel" und einigen seiner Mitglieder ein Denkmal gesetzt, wobei der junge Levin von Vitzewitz, der
das Seydlitz-Gedicht verfaßt und dessen Lieblingsbücher
Shakespeare und Percys Balladensammlung sind, einige

autobiographische Züge seines Schöpfers selbst abbe-
kommen hat. Nichts ist stilisiert, nirgends stört die anti-
quarische Meiningerei, die sonst so oft historische Romane ungenießbar macht, nirgends werden Kostüme und
Dekorationen wichtiger genommen, als der Mensch. Menschen mit dem Fühlen ihrer Zeit, Menschen von natürlichem
Reden und Empfinden, Menschen aller Spielarten sind das
eigentliche Objekt der Darstellung, wie es dem Dichter
auch bei seinen brandenburgischen „Wanderungen" weit
weniger auf die alten Schlösser, Herrensitze, Dörfer und
Städte selbst ankam, als auf die Entdeckung der Menschen,
die darin gehaust hatten, und ihrer Schicksale. Ein paar
Figuren aus diesem seinem ersten Roman hat er auch
später auf der Höhe seines Schaffens nicht übertroffen,
so den alten pensionierten Generalmajor von Bamme, einen
kalmückenhaft häßlichen Junggesellen aus der Zieten- und
Fritzenzeit, mit seiner wundervollen Mischung von schrul-
liger Bosheit, Bravour, Frivolität und Herz auf dem rechten
Fleck; so vor allem die Zwergin Hoppenmarieken, eine
ländliche Kundry von etwas hexenhaftem Gebahren, die
einem niederländischen Gemälde entsprungen sein könnte.
Wie zuletzt dieses alte Geschöpf mit seiner Kiepe nächtlicher Weile auf dem Prellstein an der winterlich weißen
Landstraße sitzt, noch aufrecht, aber schon tot und mit
dem Hakenstock in den erstarrten Händen, als salutiere
sie den Schlitten, der den sterbenden jungen Tubal Ladalinski aus dem Frankfurter Abenteuer langsam heimwärts
trägt, das ergibt, so wenig Accent darauf gelegt wird, ein
packend groteskes Nachtstück in Callots Manier.

Vielleicht hat nur die Masse seiner 82 Kapitel und das

Zuviel an anekdotischem und episodischem Beiwerk den
Roman bisher trotz einer wohlfeilen Volksausgabe nicht zu
der Popularität gelangen lassen, die ihm unbedingt mit
demselben Rechte zukäme, wie dem Besten von Alexis. Fände
sich eine feinfühlige Bearbeiterhand, die ihn einmal von
dieser Überfracht befreite, so wäre ihm sein Platz in der
allerersten Reihe unserer historischen Romane, auch in der
Beliebtheit des Lesepublikums gesichert.

JEDENFALLS HATTEN DIE SCHWIERIG-
keiten, die es zu überwinden gab, bis das so lang ver-
schleppte Werk unter Dach gebracht war, — nach mancher Enttäuschung erst fand es im „Daheim" einen Unter-
schlupf — zur Folge, daß Fontane sich einstweilen nicht ein
zweites Mal auf einen roman de longue haleine einließ. Er
hat im Gegenteil, vielleicht durch diese mißlich - praktische
Erfahrung dazu geführt, den Typ des kurzen einbändigen
Romans als erster aufgebracht, an den wir uns inzwischen
längst als das normale Kaliber gewöhnt haben. Doch das
geschah noch nicht gleich unmittelbar. Was zunächst als
Intermezzo folgte, waren zwei größere Novellen „Grete
Minde" und „Ellernklipp", beides Geschichten aus vergangenen Jahrhunderten, aus der märkischen Kurfürstenzeit
kurz vor dem großen Religionskrieg die eine, die andere
aus der braunschweigischen Harzgegend in den letzten Regie-
rungsjahren des alten Fritzen. Chronik und Kirchenbuch
boten die stofflichen Elemente, die zur Gestaltung reizten:
zwei echte Balladenstoffe, der eine mehr für eine alte Volks-
ballade geschaffen, der andere von der mehr düsteren
Stimmung, wie sie wohl Hebbel in seine kurzen Erzäh-

lungen oder die Droste in manche ihrer Balladen zu bannen
wußten.

„Grete Minde", einer lokalen Überlieferung der alt-
märkischen Stadt Tangermünde entschöpft, variiert ein altes
Volksliedmotiv. Wenn die kaum erwachsene Grete aus der
harten Hut des Stiefbruders und der Schwieger mit Val-
tin, dem Nachbarssohn, in die Fremde flieht, so werden
Erinnerungen an Walter und Hildegunde, an die wandern-
den Kinder Hänsel und Gretel, an Heines rheinische Volks-
ballade „Sie flohen heimlich von Hause fort" und ähnliches
lebendig. Man findet wieder den balladenhaften Zug in
dem Zeitsprung von drei Jahren, der die Flucht der beiden
Liebenden von ihrer Heimkehr zu Dreien trennt, einer
trostlosen Heimkehr im Verbande von Gauklern und Puppen-
spielern. Und balladenhaft wirken auch die gestellten Bilder und Situationen: Grete Minde mit ihrem vaterlos ge-
wordenen Kinde auf Knien vor dem kieselherzigen Bruder
und Ratsherrn; Grete Minde als Anklägerin der eigenen
Sippe vor der Ratsversammlung; Grete Minde als wahn-
sinnig Verzweifelnde auf dem brennenden Sankt Stephans-
turm, wie sie angesichts der von ihr angelegten Feuersbrunst
sich und den aus Rache entführten kleinen Brudersohn in
den Flammen begräbt. Ein junges Menschenschicksal aus
rauher Zeit in der verkürzenden Perspektive des Balladen-
dichters gesehen, stellenweise an den verlorenen, schmerz-
lich süßen Ton alter Volkslieder anklingend, aber im ganzen
doch nicht nahe genug aus der fremdartigen Ferne der
Vergangenheit herbeigerückt und zu unmittelbarer Wirkung
gebracht. Ein Rest von Unfreiheit in der Darstellung, als
sei die Tracht der entlegenen Zeit dem Erzähler etwas un-

DIE MÄRKISCHE STADT TANGERMÜNDE, SCHAUPLATZ VON FONTANES „GRETE MINDE"

Nach einem gleichzeitigen Stich Ende des 17. Jahrhunderts

bequem und ihre Sprache nicht mundgerecht, läßt den Leser
mit dem Dargestellten nicht völlig eins werden und kein
rechtes Verhältnis zu den Personen, vor allem zu der Haupt-
person gewinnen, an der manches problematisch bleibt. Der
Eindruck der tragischen Notwendigkeit, sonst und später
die dichterische Stärke in Fontanes Romanen, hier will er
sich noch nicht einstellen.

Er findet sich schon viel unmittelbarer in der Harz-
novelle „Ellernklipp", in der wir das Leben mit seinen
dunkeln Gewalten tiefer und näher rauschen hören als in
der Geschichte der Brandstifterin von Tangermünde. In
der Gruppierung der Personen zeigt sich zunächst eine gewisse Ähnlichkeit mit der vorigen Novelle. Auch hier die
beiden Kinder, Hilde und Martin, die sich als Spiel- und
Hausgefährten im Heranwachsen anders als nur geschwister-
lich lieb gewinnen. Wie Grete Minde, deren früh ver-
storbene Mutter eine stadt- und glaubensfremde Frau gewesen, von dieser die unruhige Sehnsucht im Blut geerbt
hat, so lebt auch die früh verwaiste Hilde, ein Mantelkind
von gräflichem Geblüt aber bäurischer Aufzucht, als ein
fremder Vogel im Hause des Heidereiters Baltzer Bocholt
dahin, der als rüstiger Vierziger mit dem einzigen Sohn
und dem Hausgesinde wirtschaftet. Und auch diese beiden
jungen Menschenkinder möchten heimlich in die Welt aus-
brechen, nach dem nahen Preußen hinein, weil sie fühlen,
daß zwei gefürchtete Augen ihre junge Liebe bedrohen.
Aber hier kommt es nicht zur Flucht; denn dicht unterhalb
der steilen Ellernklipp dehnt sich das unergründliche Moor,
das einen hinabgestoßenen Menschen — wer hat's gesehen?
— nicht wieder herausgibt ... Ein Jahr darauf ist die müde,

schöne Hilde die Frau des Heidereiters, und nach zwei
weiteren Jahren liegt dieser selbst mit durchschossener
Brust auf der Ellernklipp, wo ein nächtlicher Spuk sein über-
reiztes Vatergewissen äfft und ihm das Gewehr in die selbstmör-
derische Hand drückt. Hilde aber, die so viel Leid gebracht
und getragen hat, erlebt verwitwet noch ein kurzes Aufblühen
in dem Streben, Arme und Mühselige zubeglücken, ehe
auch ihr junges frühbeladenes Leben sachte verlischt.

    Balladenhaft wirkt in dieser streng geschlossenen Er-
zählung nicht sowohl wieder der charakteristische Zeitsprung
an der kritischen Stelle und die ganze Verknüpfung der
Vorgänge, als eben jene Technik der Andeutung, die der
Phantasie des Lesers mehr überläßt, als sie ihr abnimmt.
Kaum etwas deutet vorher darauf hin, daß der Heidereiter
selbst auf seine schöne Pflegetochter Gedanken hat: das
jähe Erwachen seiner Eifersucht auf den Sohn und die
Bluttat auf Ellernklipp folgen sich fast wie Blitz und Donner.
Was dann die nächsten drei Jahre bringen, wie der Alte
sich die Tat von der Seele zu wälzen sucht, wie Hilde den
Verlust des vermeintlich entflohenen Geliebten trägt, das
alles bleibt ungeschildert und ungesagt. Nur von einem
Tage dieser drei Jahre wird in der Spinnstube noch gesprochen, dem Tag, an dem der Heidereiter mit der blassen
Hilde vor dem Altar stand und der festliche Hochzeits-
lärm nachher sein Haus erfüllte. Und dann vollzieht sich
die Sühne an Baltzer Bocholt ebenso plötzlich auf derselben
verrufenen Stelle, wie drei Jahre früher sich dort seine
lichtscheue Tat abgespielt hat. So wird, was „Grete Minde"
vermissen ließ, hier mit ganz schlichten Mitteln, ohne Ge-
fühlsoffenbarungen und Wolfsschluchteffekte erreicht: man

fühlt, wie die Kreise des Schicksals über dem Hause des
Heidereiters sich enger und enger ziehen, bis sie den
Schuldigen verstrickt haben.

Dem alten Hirten Melcher Harms ist der tiefere Sinn
dieser Erzählung in den Mund gelegt. „Es geschieht, was
muß," sagt der hellsichtige Konventikler, „und die Wunder,
die wir sehen, sind keine Wunder . . . Ewig und unwandel-
bar ist das Gesetz." Worte, die sich Hilde später als In-
schrift auf ihren Grabstein setzen läßt. Und der Dichter
selbst bekennt sich zu dieser Ansicht, wenn er einmal zu
den Worten „Alles war Zufall gewesen", die zweifelnde
Parenthese hinzufügt: „Wenn es einen Zufall gibt." —

WENN ES EINEN ZUFALL GIBT! DASS ES
keinen gibt, ist auch die Überzeugung des Kommer-
zienrates Ezechiel van der Straaten, des Tiergarten-
millionärs, der unter einem fatalistischen Zwange handelt,
als er sich eine Kopie von Tintorettos „L'Adultera" für sein
Arbeitszimmer bestellt, um sie wie ein Memento alltäglich
vor Augen zu haben. „Es mußte so kommen", sagt auch er,
als er seine Gattin zu nächtlicher Stunde im Begriffe findet,
sein Haus einem anderen zu liebe zu verlassen, und den ver-
geblichen Versuch macht, sie zum Bleiben zu bewegen. „Es
kommt, was kommen soll," lauten ein andermal seine Worte,
und das Spielen mit diesem Gedanken einer unentrinnbaren
Vorausbestimmung durchzieht wie ein stark betontes Leitmotiv den ganzen Roman, der den Namen nach jenem
Tintorettobilde erhalten hat.

Fast zu stark betont, wie man wohl sagen darf. Denn
wenn Van der Straaten in seiner alles ironisierenden

Tonart gleich zu Anfang mit Frau Melanie über das Gemälde beziehungsreiche Worte wechselt, wenn gleich darauf
wie aufs Stichwort der junge Gastfreund auftaucht, der im
Hause dieses Berliner Menelaos die Parisrolle zu spielen
bestimmt ist, wenn Lydia, das Töchterchen, mit dem
Ahnungsvermögen des Kindes dem Gast sich von der
ersten Minute an feindselig zeigt, wenn zum gemeinsamen
Musizieren „Tristan und Isolde" gewählt wird, wenn unmittelbar, bevor im schweren, warmen Dunst des Palmen-
hauses die letzte Schranke fällt, der alte Gärtner Kagelmann
dem strauchelnden Paare seine Ansichten und Erfahrungen
von gebrochenen Ehen ahnungslos vorträgt, wenn diese und
andere Vorzeichen sich häufen, so empfindet der Leser den
schließlichen Eintritt des Unabwendbaren, weil er zu ge-
flissentlich darauf vorbereitet worden ist, am Ende mehr als
Schiebung denn als Fügung, mehr abgekartet als abgewartet.

Und er empfindet auch, daß der Dichter dieses Unter-
streichen des Schicksalszwangs gar nicht nötig gehabt hätte,
um den Vorgängen ihre innere Wahrscheinlichkeit zu geben.
Hat er doch die beiden Gatten, deren Ehe gesprengt wird,
so ausgiebig scharf charakterisiert und in dem, was sie
schließlich trennt, so deutlich gegeneinander abgesetzt, daß
man auch ohne die Aufstellung so zahlreicher Wegweiser,
nur mit dem Kompaß der psychologischen Notwendigkeit sich
in dem Gang der Ereignisse zurecht finden mußte. Man
versteht, daß nur das zufällige Ausbleiben einer ernstlichen
Versuchung die schöne Frau Melanie, in deren Adern
französisches Blut fließt, ein Jahrzehnt an der Seite eines
sie verhätschelnden, aber herzensnüchternen, feineren Taktes
baren und um fünfundzwanzig Jahre älteren Gemahls fest-

hält, dem sie noch als halbes Kind angetraut worden ist.
Und man versteht, daß sie in der Zeit unbefriedigter Ge-
fühlsreife die Pflicht gegen sich selbst höher stellt, als die
Pflicht gegen die Gesellschaft, und entschlossen dem Ruf
eines neuen Lebens folgt, der sie das alte als Lüge empfinden läßt. Man versteht das, wie man die letzte Ent-
scheidung Nora Helmers versteht, und es ist, beiläufig gesagt, kein Zufall, daß dieser Vergleich sich aufdrängt; denn
wenn auch den äußeren Anstoß zu Fontanes Roman ein
damals viel besprochener Vorfall der Berliner Gesellschaft
gab, so lag doch das Noramotiv zu jener Zeit — der Roman erschien 1882 — in der Luft, nachdem Ibsens Stück
seine ersten Aufführungen in Deutschland erlebt hatte,
und es ist unmöglich, in der Abschiedsszene zwischen
Van der Straaten und Melanie, die mitten in der Nacht,
nur mit der Handtasche versehen, das Haus des Gatten
verläßt, ohne den Mut zu finden, ihre schlafenden Kinder
nochmals zu sehen, die Ähnlichkeit mit dem vielumstrittenen
Nora-Schlusse zu verkennen.

Die einschneidende Bedeutung dieses kleinen Romans
für Fontanes Schaffen geht dahin, daß er sich hier — ein
Dreiundsechzigjähriger — zum erstenmal an einen modernen Stoff wagte und damit das Gebiet betrat, auf dem
ihm nachmals seine eigentlichen Erfolge als Erzähler er-
blühten. Und es ist merkwürdig, welch eigentümliche An-
ziehungskraft das Problem der Vernunftehe zwischen einem
alten oder alternden Mann und einer jungen Frau, wie es
dem Fall Van der Straaten zugrunde lag, in der Folge
immer wieder auf den Dichter geübt hat; denn er hat es
auch in der Reihe seiner späteren Romane nicht weniger

als dreimal noch, in „Graf Petőfy", „Cécile" und „Effi
Briest", behandelt und immer mit demselben negativen
Ausgang. In der Situation der jungen Frau an der Seite
des Jahrzehnte älteren Gatten lag offenbar etwas, was den
feinen Kenner der weiblichen Psyche besonders zur Darstellung reizte: als wollte er zeigen, daß das Elementare,
Triebhafte in der Frauennatur, auch der besten, unter bestimmten Voraussetzungen jeder Schranke der Vernunft,
Erziehung und des Pflichtbewußtseins spottet, Voraussetzungen, wie sie eben bei Verstandesehen zwischen Gatten
so ungleichen Alters schon durch den Unterschied der
Jahre gegeben sind.

DIESE ELEMENTARE MACHT, DURCH
deren Walten so manches Frauenleben aus der Bahn
gerissen oder völlig zermalmt wird, ist auch bei der
Novelle „Schach von Wuthenow" im Spiele, wenn Victorine
von Carayon sich in einer unbewachten Stunde an den Verehrer ihrer schönen Mutter, den Rittmeister von Schach
vom Regiment Gensdarmes, verliert. Aber das Problem dieser
Erzählung, die kurz vor Jena und Auerstädt in der preußischen
Hauptstadt spielt, liegt hier nicht auf der erotischen Seite,
sondern in der Seele des Offiziers, der sich durch die Unbe-
sonnenheit eines Augenblickes vor die Zwangslage gestellt
sieht, einem ungeliebten Geschöpf die Hand zur Ehe zu
reichen. Nicht sein Gewissen macht ihm diesen Zwang
unerträglich, sondern erst die geschäftige Medisance der
Berliner Gesellschaft, dann der Befehl seines Königs, der
durch ein Machtwort die unliebsame Affäre aus der Welt
zu schaffen wünscht. Solchem doppelten Zwang sich zu

fügen, erscheint dem Zurechtgewiesenen als die schlimmste
Demütigung seiner Offiziersehre, und so findet ihn schon
die erste Stunde nach der pflichtschuldigen Hochzeit mit
der tödlichen Kugel im Herzen.

Die starke Zuspitzung des Falles, der in unseren Tagen
des „Rosenmontag" und „Zapfenstreich" leicht unwahr-
scheinlich wirken würde, erklärt ein Räsonneur der Novelle mit dem Bemerken: „Es ist durchaus eine Zeit-
erscheinung, aber wohlverstanden mit lokaler Begrenzung,
ein in seinen Ursachen ganz abnormer Fall, der sich in
dieser Art und Weise nur in Seiner Königlichen Majestät
von Preußen Haupt- und Residenzstadt, oder, wenn über
diese hinaus, immer nur in den Reihen unserer nachge-
borenen friderizianischen Armee zutragen konnte, einer
Armee, die statt der Ehre nur noch den Dünkel, und statt
der Seele nur noch ein Uhrwerk hat — ein Uhrwerk, das
bald abgelaufen sein wird." Der örtliche und zeitliche
Hintergrund muß den Begebenheiten so die innere Glaub-
würdigkeit geben, und er gibt sie ihnen. Ganz wie in
„Vor dem Sturm", ist auch hier die ganze Zeitatmosphäre
jener Epoche von Preußens Erniedrigung mit einer vollendeten Beherrschung des Details und der Stimmungen
getroffen, und in den umrahmenden begleitenden Vorgängen
erscheint Dichtung mit historischer Wahrheit unmerklich
fein verschlungen.

Dieser Schach, nebenbei bemerkt, hat nichts vom üb-
lichen Romanhelden mit der interessanten Stirnlocke. Er
ist durchaus der preußische Durchschnittsoffizier, bei dem
die Konduite den Charakter und die Tradition die eigene
Lebensanschauung ersetzen muß — (Ompteda hat später

diesem Typus zur Popularität verholfen), — von untadel-
hafter Gesinnung, aber aus Eitelkeit zu schwach, sich über
das Gerede der Gesellschaft hinwegzusetzen. Victoire selbst
die ihn heimlich liebt, lange bevor er es gewahr wird,
kennt diese Schwäche und verhehlt sich nicht, daß seine
Intelligenz nicht allzuweit reicht. „Er hat aber," schreibt
sie einer vertrauten Freundin, „doch die beste Gescheitheit,
die mittlere, dazu die des redlichen Mannes." Und eben
jene Eitelkeit ist es, der Größenwahn einer Kriegerkaste,
die ihm seine selbstverschuldete Situation entehrend und
den Tod leichter erscheinen läßt, als ein Leben, auf das
der Schatten der Lächerlichkeit gefallen ist.

OB EITELKEIT IN SOLCHEM FALLE FEIG-
heit bedeutet kann streitig sein. Jedenfalls liest es sich
wie eine Widerlegung dieser Ansicht, wenn in Fontanes nächstem Roman „Graf Petöfy" dem Träger des Titel-
namens gleich zu Anfang die Worte in den Mund gelegt sind:
„Unter den vielen Bücherweisheitssätzen, die mir von Grund
aus zuwider sind, steht der von der besonderen Feiglingsschaft
derer, die das Pistol in die Hand nehmen, oben an. Nach
dem bißchen Lebensweisheit, das ich mir anzueignen in der
Lage war, hört das Pistol auf, wo die Feigheit anfängt,
und hört die Feigheit auf, wo das Pistol anfängt. Wer es
in die Hand nimmt, ist durch schwere Kämpfe gegangen!
Achtung vor dem Unglück!" Auf der Bühne zu Beginn
eines Schauspiels gesprochen, würden diese Sätze dem
theaterkundigen Zuschauer sofort die Gewißheit geben, daß
das also verteidigte Pistol im Laufe des Abends noch zu
einer entscheidenden Rolle berufen sei: im Roman wirken

DER GENSDARMENMARKT IN BERLIN IM JAHRE 1788

sie minder anzüglich, aber man empfindet doch dunkel ihre
vorbereitende Bedeutung und die Vorwegnahme einer noch
zu erwartenden Katastrophe. Der alte ungarische Magnat
aber tut nicht aus Eitelkeit und Egoismus den letzten ge-
waltsamen Schritt, vielmehr aus Liebe und aus vornehmer
Resignation: ein müder König Marke, der nach kurzer
Ehe in der Erkenntnis aus dem Leben scheidet, daß die
Jugend doch das stärkere Recht hat und junges Blut zu
jungem Blut gehört.

Im katholischen Wien der Siebzigerjahre, das diesem
Roman teilweise die Kulissen liefert, weht andere Gesell-
schaftsluft als im protestantischen Neu-Berlin. Eine alte
aristokratische Kultur dämpft hier die Töne und Farben
und temperiert die Gefühle. Man sieht dem Leben vom
ersten Rang aus zu, man ist rücksichtsvoll, liebenswürdig,
gebildet und hält auf Maß und Form in allen Dingen. In
den vornehmen Salons der Herrengasse und ihrer Nach-
barstraßen begegnet der weltkluge Jesuitenpater der Hof-
burgschauspielerin, und die Zahl der Gräfinnen ist nicht
gering, die erst im Theater-Almanach und dann in dem
von Gotha standen. Auch Franziska Franz, die norddeutsche
Protestantin, vertauscht diesen ihren Mädchen- und Bühnen-
namen mit dem klangvolleren einer Gräfin Petöfy, als ihr
der väterliche Freund und Verehrer seine Hand und sein
Haus bietet, ohne andere Gegenleistung als Freundschaft
und Vertrauen zu verlangen. Sie meint, an der Seite dieses
vollendeten Kavaliers im weißen Haar ihr Glück zu finden,
denn die „Mittelgrade" der Gefühle hat sie bereits durch-
messen, und an die „Hoch- und Siedegrade" der Leidenschaft glaubt sie nicht. Und der das kluge und schöne

Mädchen zur Gefährtin seines Lebensabends wünscht, ist
der Ansicht, daß in der Obersphäre der Gesellschaft andere
Dinge die Lebenswege bestimmen als im Souterrain der
Gevatter Schneider und Handschuhmacher. Aber gerade
dieser Kalkül erweist sich als falsch, und während eines
stillen Sommers, den man auf den ungarischen Gütern des
Grafen verlebt, wird der Besuch eines Neffen den Dreien
zum Verhängnis. Eine gefahrvolle nächtliche Bootfahrt
öffnet den jungen Menschen die Augen über ihr wahres
Gefühl, und was sie selbst sich nicht gestehen wollen, errät
das dritte Augenpaar bald genug. Wie für den argen König
Claudius wird alsbald auch für Franziska ein Schauspiel
die Schlinge, darin ihr Gewissen sich verfängt: sie verrät
sich unbewußt, und Petöfy, aus dem edlen Gefühl heraus,
sie durch das Opfer, das sie ihm mit der Heirat gebracht,
selbst in dies Dilemma geführt zu haben, gibt ihr durch
sein freiwilliges Scheiden die Freiheit zurück.

E INE UNABWEISBARE VORLIEBE FÜR „IN-
teressante Fälle" geht aus der Stoffwahl dieser ersten
Romane hervor, und sie entspricht im Grunde durchaus der ausgeprägten „matter of fact" Natur Fontanes und
seiner Hinneigung zur Ballade und zur Anekdote. „Ich las
das Tollste, die Hauptgeschicht', immer nur im Polizeibericht,"
sagt er von sich selbst in einem seiner späteren kurzen Gedichte. Nur einmal hat er sich mit dieser Vorliebe ganz und
gar auf das Pitaval-Gebiet begeben: in der Erzählung „Unterm
Birnbaum", mit der er nach „Graf Petöfy" von seinem Aus-
flug in Ebner-Eschenbachische Lande wieder auf seinen alt-
märkischen Boden zurückkehrte. Kriminalstoffe werden bei

uns sonst gerne mit Naserümpfen betrachtet und auf die
Hintertreppe der Literaturgeschichte verwiesen; und doch
haben erklärte Größen der Weltliteratur, wie Dickens, Bal-
zac, Dostojewski, Zola, sich ihrer bedient und hat neuestens
Gerhart Hauptmann eine Anzahl seiner Dramen auf Kri-
minalfälle gestellt. An die „Biberpelz"-Atmosphäre im besonderen, an die gefoppte Justiz und an die Art, wie dort
gewisse märkische Dorftypen gesehen sind, fühlt man sich
hier öfters erinnert, nur daß das dunklere Verbrechen einen
dunkleren Grundton mit sich bringt. Ein Pelz ist beide
Male das corpus delicti, aber dort ist es nur der Pelz, der
vermißt wird, hier ist es der Pelz samt dem Geschäfts-
reisenden aus Polen, der ihn getragen hat, und der nach
einem Nachtquartier im Gasthof des Kaufmanns Hradschek
zu Tschechin auf unerklärte Weise in der Oder verschwun-
den sein soll. In Wirklichkeit liegt er weder in der Oder,
wie die Spuren glauben machen, noch unter dem Birnbaum
im Garten, wo das Gericht ihn sucht, sondern in Hrad-
scheks Keller verscharrt, und erst ein Zufall, bei dem der
Mörder sich gleich selber richtet, bringt nach Jahren die
lange nur geargwöhnte Wahrheit an den Tag.

Juristen werden mit der ganzen Protokollierung des
Falles vielleicht nicht recht einverstanden sein, und auch
dem nicht juristischen Leser drängen sich im Verlauf der
Begebenheiten allerhand Wenn und Aber auf, für die er
die genügende Lösung nicht findet. Aber ob nun das
Kriminal-Exempel im einzelnen stimmt oder nicht: rein er-
zählerisch, auf Komposition, Menschenschilderung, Leben-
digkeit, Darstellungstempo hin angesehen, gehört der kleine
Roman zu dem Frischesten, was Fontane geschrieben hat·

Nicht der Mord an sich interessiert ihn — er wird fast
mit einer gewissen Wurstigkeit behandelt — sondern was
daraus entsteht, wie er auf die Menschen, Täter, Hehler
und Unbeteiligte wirkt, und wie Schlauheit, Habgier, Stumpf-
sinn, Aberglaube sich einem solchen Geschehnis gegenüber
in einem kleinen Neste offenbaren. Subtile Psychologie
wird dabei mit gutem Grunde nicht getrieben, Raskolnikow-
Stimmungen kennt ein märkischer Krugwirt von Anno
Dreißig nicht, bei dem der Erwerbssinn das Gewissen er-
setzt, und demselben Hradschek, der in seinem Garten beim
Graben zufällig auf die vermoderte Leiche eines französischen Soldaten stößt und mit kalter Nase das Loch sofort
wieder zuwirft, weil ein Toter in einem Gasthausgarten
„bloß Geklätsch" mache, traut man wohl zu, daß er im ge-
gebenen Fall des eigenen Vorteils wegen auch selbst einen
Menschen beiseite zu räumen die Skrupellosigkeit besitzt.

D AS TECHNISCHE KUNSTMITTEL DER SPAN-
nung, das hier wie in jeder Kriminalerzählung seine
wohlerwogene Wirkung tut, kommt auch in der höheren Sphäre des Romans „Cécile" zur bewußten Anwendung,
ja es gibt ihm den anderen Eheromanen Fontanes gegenüber
geradezu seine besondere Abstimmung. Der Schleier, der die
Favoritinnenvergangenheit der schönen Frau von St.-Arnaud
den ihr Fernerstehenden verhüllt, wird erst ziemlich gegen
Ende des Buches gelüftet, und eben diese Lüftung be-
schwört den Konflikt herauf, den niemand erwartet: einen
jener Konflikte aus zweiter Hand, wie sie manche unserer
modernen Dramatiker bevorzugen. Nicht die Liebe des
weitgereisten Ingenieurs Gordon-Leslie zu Cécile, die er

Paul Heyse an seinen Freund Fontane ... b. (
Berlin Ohr. Sept 50

EIN LEBENSFREUND THEODOR FONTANES: PAUL
HEYSE ZUR ZEIT SEINER EINFÜHRUNG IN DEN
„TUNNEL ÜBER DER SPREE" DURCH FONTANE (1850)

mit ihrem sehr viel älteren Gatten im Harz kennen gelernt
und in Berlin wieder aufgesucht hat, führt die beiden
Männer im Zweikampf aneinander, sondern ein Affront,
den Gordon der geliebten Frau in einer Anwandlung eifer-
süchtiger Eitelkeit antut, weil er, durch äußere Umstände
getäuscht, ihr ganz aufrichtiges Magdalenentum einen Augenblick für berechnete Pose nimmt. Die Liebe hätte sich
der durch seine Heirat etwas deklassierte Oberst St.-Arnaud
in gewissen Grenzen gefallen lassen, den Affront läßt er
sich nicht gefallen oder nimmt ihn jedenfalls zum Vorwand,
sich des Nebenbuhlers durch eine sichere Kugel zu ent-
ledigen, ohne zu ahnen, daß er damit unmittelbar auch die
durch körperliche und seelische Leiden seit langem gequälte
Cécile in den freiwilligen Tod treibt.

Diese Cécile, die als blutjunges Ding die Sunamitin
eines alten Serenissimus gewesen ist und dadurch später die
Ursache wird, daß der Oberst St.-Arnaud den Dienst
quittieren muß, als er sie heiratet, ist von allen Frauengestalten Fontanes die sensibelste. Das Gefühl, trotz Ver-
jährung und Heirat doch immer nur zwischen Tür und
Angel der guten Gesellschaft zu stehen, das Bewußtsein
einer mehr als mangelhaften Schulbildung, die sie als Tochter einer halbpolnischen Shoddy-Familie ihrer verwahrlosten
Erziehung dankt, dazu die Verwöhnung durch den galanten
Kultus ihrer Person, mit dem sie von früh an umgeben
war, und ein fast pflanzenhaftes Bedürfnis nach Pflege,
Sonne, Huldigung: dies alles gibt ihrer Natur und ihrem
Wesen eine mimosenhafte Empfindlichkeit, macht sie zur
Prinzessin auf der Erbse, der die leiseste Anspielung auf
ihre Vergangenheit Pein verursacht und die doch wieder

in jeder Huldigung, so wohl sie ihr tut, selbstquälerisch
die Möglichkeit argwöhnt, man halte sie für ein jagdbares
Wild. Zu stolz, um sich zu demütigen, zu demütig, um
sich vor ihrem Gewissen freizusprechen, geht sie unerlöst
an der inneren Tragik ihres widerspruchsvollen Geschicks
zugrunde. Wie diese Schlußkatastrophe herbeigeführt wird,
das mag auf den ersten Anschein etwas zu filtriert anmuten,
aber die psychologische Gleichung ist mit einer Folge-
richtigkeit aufgelöst, der man sich nicht entziehen kann.

ES GIBT ÜBERHAUPT WOHL KEINEN ZWEI-
ten deutschen Erzähler, in dessen Romanen so häufig,
wie bei Fontane, der Selbstmord als die einzige Er-
lösung von Lebensleid und Gewissensqual oder als freiwillge
Sühne einer Schuld verschrieben wird. Wie in „Grete Minde“,
„Ellernklipp“, „Schach von Wuthenow“, „Graf Petöfy“, „Cécile“, wie später noch in „Unwiederbringlich“, so muß auch in
der Novelle „Stine“ ein selbstgewählter Tod die Dissonanzen
des Lebens auflösen. Mit gebeugtem Nacken ertragen, was
die Schickung schickt, hat nicht jeder die Kraft und besonders nicht, wen körperliches Leiden schon ohnehin auf halbe
oder Viertelsration gesetzt haben. So liegt auch hier der Fall.
Der etwas schwermütige junge Graf Waldemar von Haldern
hat aus dem Krieg einen Knacks mit heimgebracht, der ihn,
mit seinem lebemännischen Onkel zu reden, für immer in das
Schuldbuch der Tugend eingeschrieben hat. Die Liebe zu
einem Mädchen aus dem Volke läßt noch einmal die Illusion
eines fernen Glückes à la Paul und Virginie in ihm auf-
schimmern; aber der gesunde soziale Instinkt des Mädchens
wehrt sich gegen den idealistisch-überspannten Traum, und

ein paar Tage später nimmt die Familiengruft zu Klein-Haldern einen neuen stillen Bewohner auf . . .

Die ungemeine Schlichtheit dieses Novellenstoffs zeigt deutlich den Übergang vom „interessanten Fall" zum Reinmenschlichen und Allgemeingültigen an. Zum ersten Male fehlt ein leichter Zug ins Konstruierte, den die vorhergehenden Romane in der Stellung des Themas nicht ganz verleugnen konnten, hier wird zum künstlerischen Erlebnis, was dort noch so etwas vom Exempel an sich getragen hatte. Dabei erscheint alles auf die knappste Form gebracht und die Zahl der Personen und der einzelnen Szenen mit einer meisterlichen Sparsamkeit behandelt, die an die bewunderte Raumverteilungstechnik mancher menzelschen Bilder gemahnt.

Und DOCH IST „STINE" NUR ERST DIE UNmittelbare Vorstudie zu dem — früher im Druck erschienenen, aber später entstandenen — Roman „Irrungen, Wirrungen", dem ersten Gipfel fontanischer Erzählungsmeisterschaft, und verhält sich zu ihm nicht anders wie die schmale Knospe zur entfalteten Blüte. Ähnlich wie dort die Liebe zwischen der stillen blonden Stine und dem invaliden jungen Majoratserben, bildet hier das Verhältnis des Leutnants Baron von Rienäcker mit einer Arbeiterin die Binnenseite der Begebenheiten. Aber wie anders sind diese beiden Menschenkinder geartet, wie verschieden ist Lösung und Ausklang hier! Wirkte in „Stine" das Liebespaar, das im Grunde keines war, noch etwas bleichsüchtig, so sind Lene Nimptsch und Botho Rienäcker Menschen in voller Lebensgröße, Ursprünglichkeit und Gesundheit. Das „süße Mädel", dessen

Entdeckung für unsere Literatur man abwechselnd Tovote
und Arthur Schnitzler zuschreibt, hat hier sein klassisches
und noch unübertroffenes Urbild. Dieses unverdorbene,
aufrechte Proletarierkind, dessen arbeitsame Tüchtigkeit die
alte Mutter mit ernährt und dessen Liebe gar keine feigen
oder berechnenden Versorgungsgedanken kennt, das sich
in seiner Jugendblüte dem geliebten Manne schenkt, obwohl
es weiß, daß ihr Glück nur einen kurzen Sommer lang
währen wird, dieses herzenskluge, taktvolle Geschöpf, das
einzig seinem Gewissen und seiner Natur zu folgen den
Mut hat, ist zweifellos eine größere Heldin, als die meisten
deren Heldenrolle das Rampenlicht zu bestrahlen pflegt,
von einer Reinheit und Klarheit des Empfindens, die sie
hoch über den Durchschnitt der Mädchen aus den besitzen-
den Klassen mit ihrer häufig nur anatomisch vorhandenen
Jungfräulichkeit emporhebt: ein in die Gegenwart über-
setztes Egmont-Klärchen, aber mit dem wissenden und
sehenden Verstande des modernen Großstadtkindes begabt
und deshalb vor hochtragischen Enttäuschungen geschützt.
Wenn es in Romanen wie in Bühnenstücken Rollen zu be-
setzen gäbe, wünschte man sich diese warmblütige, unüber-
spannte (oder, wie Fontane es nennt, unredensartliche) junge
Berlinerin von einer Else Lehmann dargestellt zu sehen,
die für solche tapferen, gütigen, entsagungsfähigen Mädchen-
seelen aus den unteren Klassen den vollendet wahren Ton besitzt.

Der Mann, dem eine so aufrichtige und selbständige
Natur ihr Bestes gibt, kann kein Veilchenfresser oder
Schlimmeres, muß solcher Wahlverwandtschaft würdig sein.
Und wenngleich Botho von Rienäcker als Intelligenz und
Persönlichkeit durchaus nur ein Durchschnittskavalier wie

WALTER LEISTIKOW

MÄRKISCHE LANDSCHAFT

andere Kavaliere ist, der ohne weiteres der Familienpflicht
gehorcht, als die Notwendigkeit einer reichen Standes-
heirat an ihn herantritt, ist er mit einer Reihe so gewin-
nend liebenswürdiger Züge ausgestattet, daß Lenes Wahl
und Leid verständlich wird. Ohne alle obflächliche Schwere-
nöterei ist er ganz der offenherzige, hochmutfreie, ritter-
liche Offizier, der den Vorzug seiner Geburt nur als Ver-
pflichtung zu untadliger Gesinnung und Handlungsweise
empfindet. Lenes Besitz betrachtet er nicht als Tändelei,
sondern als ein Geschenk, für das er sie ehrt und sie nie
auch nur mit einem Worte den Standesunterschied empfinden läßt. Daß sie nicht daran denkt, ihn je für sich fest-
zuhalten, sondern offenen Auges mit seiner baldigen Ver-
heiratung rechnet, weiß er aus ihren eigenen Versiche-
rungen. Und so bedeutet ihm und ihr die freiwillige
Lösung ihres kurzen Bundes keinen Treubruch und kein
Überdrüssigsein, vielmehr ein einsichtsvolles, gleichzeitiges
Entsagen ohne Bitterkeit oder Vorwürfe, das beiden zur
Ehre gereicht: ihr, weil sie nicht einen Augenblick auf ein
Besitzrecht pocht, ihm, weil er aus Ehrlichkeit seinem
Herzen nicht länger gönnt, was neue Pflichten ihm ver-
wehren. Niemand, das wissen beide, verläßt ungestraft die
Sphäre, in die Geburt und Erziehung ihn mit allen Wurzeln
verklammern, und das Herkommen, das unser Tun zumeist
bestimmt, ist eine von den Mächten, über die nur Aus-
nahmemenschen und Gewaltnaturen sich hinwegsetzen. Stine
so gut wie Lene haben diesen richtigen und sicheren Instinkt des einfachen Mädchens dafür, daß sie auf den geliebten
Mann keine dauernden Ansprüche machen dürfen: Stine
widersetzt sich dem Gedanken, als ihr die Wahl gestellt

wird, Lene läßt ihn überhaupt nicht aufkommen. „Glaube
mir, daß ich dich habe, diese Stunde habe, das ist mein
Glück. Was daraus wird, das kümmert mich nicht." Und
ihr Abschiedswort: „Lebe wohl, mein Einziger, und sei so
glücklich, wie du's verdienst, und so glücklich, wie du
mich gemacht hast. Dann bist du glücklich. Und von
dem andern rede nicht mehr, es ist der Rede nicht
wert" . . . Kann man adliger denken, königlicher schenken
als diese kleine Weißnäherin? —

Nach der eingebürgerten Romantechnik wäre mit diesem
Abschied die Geschichte aus, und der geneigte Leser brauchte
bloß noch zu erfahren, daß Botho von Rienäcker (laut
Kreuzzeitung) eine geborene Sellenthin zum Altar der
Dreifaltigkeitskirche geführt und daß Lene Nimptsch nach
Jahren einen ehrbaren Werkführer mit ihrer Hand beglückt
habe. Mit solchem äußeren Abschluß begnügt sich Fontane nicht. Ihm liegt gerade daran, die Lebenswege der
beiden jungen Menschen nun auch nach ihrer Trennung
zu verfolgen, zu zeigen, wie sie sich, jedes auf seine Weise,
damit abfinden, und welche Spuren eines in des anderen
Dasein hinterläßt. Und so führt er den Leser noch ein
Stück weit in die ersten Ehejahre Bothos mit hinein, läßt
ihn mit ansehen, wie sich dieser mit seiner hübschen und
anschmiegsamen, ein bißchen oberflächlichen Frau leicht
verträgt und einlebt, ohne innerlich gefesselt zu sein, und
macht ihn zum Zeugen davon, wie auch Lene nach der
Überwindung des ersten, frisch blutenden Herzeleids ohne
Groll und Reue sich rüstig weiter allein durchs Leben
schafft, bis ein ihrer Achtung würdiger Mann ihr den
eigenen Herd anbietet. Nur ein großer Menschen- und

Herzenkenner durfte es wagen, die beiden Männer so ungleichen Standes, den einstigen Geliebten und den künf-
tigen Gatten des Mädchens, in einer völlig untheatralischen
Besuchszene einander gegenüber zu stellen und zuletzt mit
einem warmen Händedruck scheiden zu lassen; einer Szene, in
der der tiefe, warme Glockenton einer aufgeklärten und aus-
geruhten Lebensanschauung vernehmlich mitschwingt.

DIE GANZ TENDENZLOSE DARSTELLUNG
des Lebens mit seinen Selbstverständlichkeiten, seinen
Widersprüchen und der natürlichen Justiz seiner un-
sichtbar waltenden Mächte ist Fontane in keinem seiner Romane vor- und nachher wieder so glänzend geglückt, wie in
diesem vollkommenen Dokument eines künstlerisch gezügelten
Realismus. Am wenigsten in dem gleich darauf folgenden
Werke, dem halb in Schlesien, halb in Nordamerika spielenden
Roman „Quitt", einer merkwürdig zweiheitlichen Schöpfung,
die nur in der ersten Hälfte ihren Meister lobt. Noch
einmal ist es ein Kriminalfall, an den sich die Handlung
einhakt, die nächtliche Erschießung eines Revierförsters
durch einen wildernden Burschen, der eine Anzeige wegen
rückfälligen Jagdfrevels zu fürchten hat. Das Riesengebirge
an der böhmischen Grenze mit seinen Bauden und Sommer-
frischen gibt den landschaftlichen Hintergrund. Die Voraussetzungen der dunkeln Tat sind überzeugend und psychologisch
treffend entwickelt, die daraus folgende Gewissensstimmung
des Täters und seine Entdeckung mit überlegener Beobachtung und Erzählungskunst geschildert. Würde Lehnert
Menz von der irdischen Gerechtigkeit ereilt oder entzöge
er sich ihr durch einen raschen freiwilligen Tod, so hätte

„Unterm Birnbaum" hier eine fesselnde Kriminalnovelle als ebenbürtiges Seitenstück erhalten. Es kommt aber anders: Lehnert entschlüpft im Moment, da er verhaftet werden soll, auf etwas mysteriöse Weise, eine Pause von sechs Jahren tut sich auf, und die zweite Hälfte des Buches setzt sich auf nordamerikanischem Boden, in einer Menoniten-Niederlassung der Südstaaten, fort, wo Lehnert nach allerhand Wechselfällen unter dem zusammengewürfelten Kolonistenvolk eine neue Existenz beginnt. Seine Tat könnte nun verjährt und durch den Lebenskampf gesühnt erscheinen, doch die Hand des langsam mahlenden Schicksals erreicht auch ihn noch eines Tages in der Wildnis des jungfräulichen Landes: ganz wie er dereinst das Opfer seines Hasses im Hochwald verschmachtend dem Todeskampfe überlassen hat, so muß er nun selbst nach einem tödlichen Unglückssturz im Urwald ein ebensolch qualvoll langsames Ende finden. Die künstliche Symmetrie dieses Ausganges hat etwas Verstimmendes; das Interesse an der überseeischen Ansiedler- und Konvertitengesellschaft erlahmt schon bei Beginn des zweiten Teiles sehr bald gänzlich, und es muß gesagt sein: nirgendwo sonst in Fontanes Romanen fehlt es so an jedem lebendigen Kontakt, steht der Leser dem Dargestellten so fremd und verbindungslos gegenüber als diesen neuen Unterhaltungen deutscher Ausgewanderter.

E IN WENIG VON SOLCH FROSTIGEM GE-
fühl innerlicher Entfernung stellt sich auch noch auf
größere Strecken des Romanes hin ein, dessen Titel
dem prophetisch vorausdeutenden „Quitt" ein ebenso ahnungs-
volles „Unwiederbringlich" an die Seite stellt. Unwiederbring-

Mit Genehmigung und im Besitz von Frau Professor Martha Fritsch, geb. Fontane in Waren

Ein bisher unveröffentlichtes Gedicht Fontanes

WALTER LEISTIKOW

SPREEABEND MORGEN

lich ist das Glück des gräflichen Hauses Holk auf Holkenäs
dahin, nachdem die Kammerherrenpflicht den Grafen für mehrere Monate nach Kopenhagen gerufen und er dort, fern
seiner allzu kirchlich-strengen und selbstgerechten Gattin,
seine Treue an eine skandinavische Eboli verloren hat. Auf
seinen Wunsch kommt es zur Scheidung der seit siebzehn
Jahren bestehenden Ehe, nach abermals zwei Jahren zur
Wiedervereinigung, aber die einmal gesprungene Glocke
der seelischen Harmonie will nicht mehr klingen, und die
darob schwermütig gewordene Gräfin nimmt freiwilligen
Abschied vom Leben. Es sind die Jahre kurz vor dem
Krieg mit Preußen-Österreich, wo ein deutscher Erbherr
in Schleswig noch auf Monate als Kammerherr vom Dienst
zu einer dänischen Prinzessin befohlen werden konnte,
und demgemäß wechselt der Schauplatz zwischen dem
gräflichen Landsitz bei Glücksburg und dem nordischen
Klein-Paris am Öresund: dort die Atmosphäre aristokra-
tischen Herrnhutertums, hier die leichte Luft der großen
Hafen- und Handelsstadt mit ihrem sittenlockeren Hofe
und ihrer vergnügungswilligen Bevölkerung. Der Gegensatz dieser benachbarten Welten erklärt es, daß dem
Grafen Holk, dessen noch gut weltlich gestimmte Natur
je länger je mehr unter der sittlichen Unfehlbarkeit seiner
Gattin leidet, der Aufenthalt in der Hauptstadt gefährlich
wird. Die durch Briefe rasch genährte Entfremdung der
Gatten erweitert sich zum Riß, als das geistreiche Hof-
fräulein Ebba von Rosenberg den Grafen Holk zu ihrem
speziellen Kammerherrn erhebt. Daß er gleich darauf nichts
Eiligeres zu tun haben würde, als seine alte Ehe zu lösen
und ihr in Züchten seine Hand anzutragen, hatte die an

galante Abenteuer gewöhnte Evastochter nicht erwartet,
und so fügt es die tragische Ironie, daß sich Holk bei der-
jenigen, der er das eheliche Band schuldig geworden zu
sein glaubt, einen empfindlichen Korb holt und nun, ein
umgekehrter Graf von Gleichen, zur selben Zeit zwei
Frauen verliert. Das Tragische dieser Ironie aber beruht
darin, daß die Gräfin später, als sie sich zur Wiedervereinigung mit Holk entschlossen hat, über den peinigenden
Gedanken nicht mehr fortkommt, alles wäre anders gekommen, wenn ihre kapriziöse Nebenbuhlerin damals Holks
Antrag nicht ausgeschlagen hätte, und sie selbst spiele dabei nur eine Art faute-de-mieux-Rolle: ein Bewußtsein, das
die im Grunde vornehm und groß denkende Frau schließlich angesichts der offenbaren Unmöglichkeit, sich mit dem
Vergangenen abzufinden, in den Tod treibt.

Der Gedanke der Vorausbestimmung, der fast alle Erzählungen Fontanes ausgesprochen oder unausgesprochen
beherrscht, durchzieht auch diesen Roman. Ein resignier-
tes Gedicht Wilhelm Waiblingers, das die letzte Ruhe als
bestes Glück der Welt preist, klingt als Leitmotiv wie in
das erste, so in das Schlußkapitel hinein. Wieder stößt
man auf die Worte: ,,ein Zufall, wenn es einen gibt, aber
es gibt keinen Zufall", und findet Calvins Prädestinations-
lehre mit dem ausdrücklichen Akzent der Beistimmung er-
wähnt. Im übrigen ist es nicht leicht, gerade diesem Roman gerecht zu werden, denn er hat nicht viel von dem,
was sonst den Durchschnittsleser einnimmt. Besonders die
kopenhagener Kapitel, die teils mit Hof- und Stadtklatsch,
teils mit allerhand dänischem Balladenstoff imprägniert
erscheinen, sind mit langen Gesellschaftsgesprächen allzu

beschwert, und ein gewisses Hekuba-Gefühl den geschilderten Menschen und Verhältnissen gegenüber meldet sich
hier und da. Hat man aber die Schlußkapitel mit ihrer
elegischen Unwiederbringlichkeitsstimmung hinter sich, so
wird man sich im Zurückblicken erst der vielen Feinheiten
bewußt, die man passiert hat, gewahrt die verborgene
Mechanik der Ursachen und Wirkungen, die Kunst der
Andeutungen und Übergänge und eine Sicherheit der
Charakteristik, die sich mit ganz geringen Licht- und
Schatteneffekten erfolgreich zu begnügen weiß.

Gleichwohl wird durch all das doch eigentlich nur der
Verstand des Lesers gefesselt, die tieferen Gefühlsregionen
bleiben unberührt, und man hat die Empfindung, von diesen
Menschen und Vorgängen durch eine isolierende Glaswand
getrennt zu sein. Das Seelische, vor allem das der Gräfin
(einer Gräfin Almaviva ohne Mozarts Melodienreiz), erscheint zu sublimiert und auf die Spitze getrieben, das
Gesprächliche, sonst unseres Erzählers unerreichte Stärke,
vielleicht durch die höfische Atmosphäre etwas versteift.
Vor allem aber fehlt eines diesem letzten, wie auch dem
vorletzten Roman so gut wie ganz: der Humor, der sonst
bei Fontane auch über tragische Irrungen und Wirrungen
seine goldigen Lichtreflexe spielen läßt. Fast scheint es,
als habe der Dichter mit dieser seiner kostbaren Gabe hier
nur gegeizt, um sie desto verschwenderischer über sein
nächstes Werk auszuschütten, den besten und einzigen modernen humoristischen Roman, den wir heute unser nennen;
ein Lustspiel in sechzehn Kapiteln, wenn man das Wort
Lustspiel in seiner alten, wertvollen Bedeutung nehmen
will: „Frau Jenny Treibel".

MIT DEM GRIMMIGSTEN BOURGEOISHAS-
ser der französischen Literatur, mit Flaubert, sonst
seinem ausgemachten Gegenfüßler, begegnet sich
Fontane hier in dem Bestreben, das Bourgeoistum aufs Korn
zu nehmen, nur tut er es mit sehr viel weniger Galle als der
cholerische Normanne. War dessen Apotheker Homais der
klassische Typus des bürgerlichen Ochsenfroschs und selbst-
gefällig salbadernden Philisters, dessen Name heute als Gattungs-
wort gebraucht wird, wie Tartüff oder Tartarin, so hat Fontane
in dem kommerzienrätlichen Hause Treibel und besonders in
dessen weiblichen Oberhaupte die spezifisch berlinische Bour-
geoisie mit souveränem Humor getroffen und sozusagen auf-
gespießt. Frau Jenny, dieses Musterstück von einer Bour-
geoise, wie ihr dereinstiger Jugendfreund Professor Willibald Schmidt sie philosophisch lächelnd nennt, ist weit
entfernt, nur die komische Alte oder Lustspielschwieger-
mutter der älteren Theaterschablone zu sein. Mit ihrer
teils auf Lyrik und Hochgefühle, teils auf praktische Haus-
machtpolitik gestellten Natur ist sie die klassische Reprä-
sentantin eines gewissen gefühlvoll-nüchternen Spreeathener-
tums höherer Steuerklassen, zielbewußt, energisch im Auf-
treten, eine musterhafte Familienregentin, die ihren Söhnen
selbst ihre Frauen aussucht und es rücksichtslos zu ver-
hindern weiß, daß über ihren Kopf weg ein kluges Pro-
fessorstöchterlein sich als Schwiegertochter einen Platz
an der Sonne des kommerzienrätlichen Reichtums ergattert.
Zwar findet sie in Fräulein Corinna, die es sich in den ge-
weckten Mädchenkopf gesetzt hat, eine glänzende Partie
zu machen, und es auch wirklich bis zur Verlobung mit dem
jüngeren Sohn des Hauses bringt, zunächst eine entschlos-

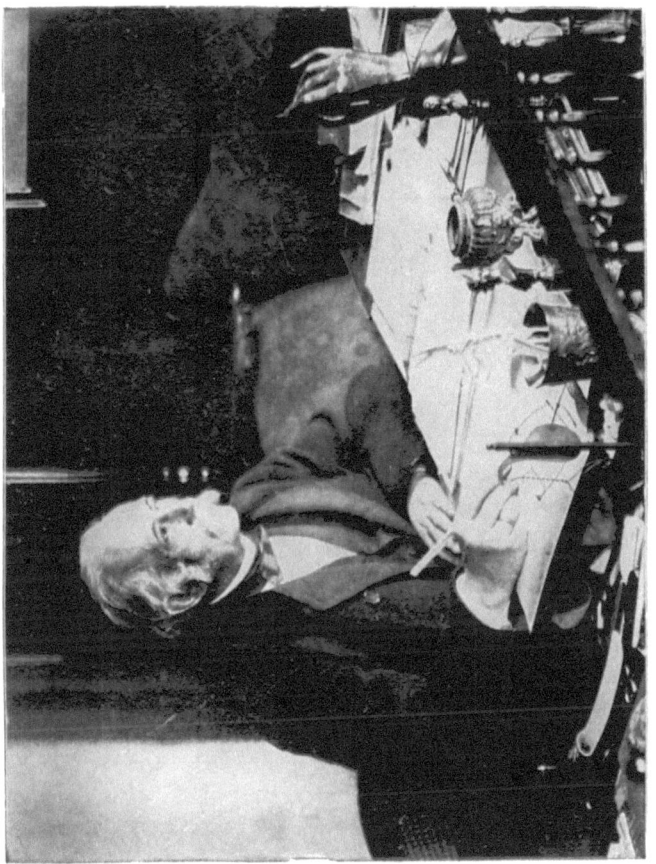

FONTANE IM ARBEITS-ZIMMER

sene Gegenspielerin, die genau so gut weiß, was sie will,
wie die wohlkonservierte Jugendfreundin ihres Vaters. Aber
schließlich trägt das gesunde Jugendempfinden des Mädchens
und die vergeblich zurückgedrängte Neigung für einen cha-
raktervollen Vetter und Jugendgespielen doch den Sieg über
gesellschaftliche Streberei davon, und Frau Jennys energische
Politik der starken Hand triumphiert auf der ganzen Linie.

Dieser kleine Frauenkampf wird durchaus ohne Scribe-
sche Lustspielintriguen, aber mit einer Fülle humoristischer
Lebens- und Menschenbeobachtung durchgeführt, dem
reichbestellten Hausstand der Villa Treibel in der genüg-
sam-einfachen Wirtschaft der Schmidtschen Professors-
wohnung ein wirksamer Kontrast gegeben und der ganze
Verlauf der Dinge fast ausschließlich mit einer Reihe von
teils zwei-, teils mehrstimmigen Gesprächen bestritten, so
naturwahr, liebenswürdig, situationsgerecht und zwanglos,
daß sie meist mit der Unmittelbarkeit von Improvisationen
wirken. Die Kunst Fontanes, seine Menschen im Plaudern
sich offenbaren zu lassen, steht in diesem Buche auf alles
beherrschender Höhe, der Humor hat eine Grazie und Ur-
banität, eine fein-satirische Pfiffigkeit, die mit allem aus-
söhnt, was sonst vielleicht — wie die schnöd berechnende
Angelei Corinnas nach dem unbedeutenden Millionärssohn
— unsympathisch wirken könnte. Ob ein Gesellschaftsabend
im Hause Treibel die Szene abgibt oder ein Oberlehrer-
kränzchen bei dem Professor, eine Landpartie an den Ha-
lensee oder eine Küchenunterhaltung Corinnas mit der
trefflichen alten Schmolke, die bei Professors die Wirtschaft versieht, immer ist der Ton getroffen, immer fühlt
man jene wohltuende, liebenswürdig-überlegene Toleranz

gegen die kleinen und großen menschlichen Schwächen,
die der Gnadenbesitz des geborenen Humoristen ist.

IN SEINER UNGETRÜBTEN LUSTSPIELSTIM-
mung sticht dieser Roman wie ein Intermezzo aus der
langen Reihe der übrigen, fast durchgehens tragisch aus-
klingenden Werke ab, ob ihm auch der tiefere und ernstere
Sinn keineswegs abgeht. Mit der Geschichte der jungen Effi
von Briest kehrte der Dichter alsbald aus der Sphäre der
heiteren wieder in die der schwarzen Loose zurück. Sie
ist zugleich diejenige, in der er sich am längsten und aus-
greifendsten mit einem Einzelschicksal beschäftigt hat, und
nach der psychologischen Seite hin zweifellos seine reichste
wie tiefste Schöpfung. Ein Zeitraum von dreizehn Jahren
trennt den Sommertag, an dem die siebzehnjährige Effi
fast unvorbereitet dem einstigen gleichalterigen Jugendver-
ehrer ihrer Mutter anverlobt wird, von jenem andern, an
dem man die früh vom Leben geknickte Menschenblüte in
die heimatliche Erde von Hohen-Cremmen bettet. Den
wohlmeinenden Eltern scheinen wohl alle Bürgschaften für
eine Musterehe gegeben, in die sie ihr einstiges Kind ent-
lassen: ein Gatte von tadellosem Ruf und Charakter, Landrat mit guten Aussichten auf den Ministersessel, vorzüg-
lich angeschrieben beim Fürsten-Reichskanzler und auf der
Höhe gesellschaftlicher und allgemeiner Bildung. Dass aber
ein blutjunges, kaum vom Tau des Lebens berührtes Mäd-
chenherz von der Verkörperung solcher Qualitäten allein
noch nicht beseligt werden kann, sagt sich die elterliche
Weisheit nicht. Und so kommt Effi nach dem kleinen
pommerschen Badestädtchen Kessin, wo Innstetten einst-

weilen noch als Landrat waltet, unbewehrten Herzens und
widerstandslos gegen die gefährliche Strömung, in die sie
dort allmählich geraten soll. Spukhafte Überlieferungen,
die sich an das alte Landratshaus knüpfen, umwittern sie
von der ersten Stunde an wie Schicksalshauch, auch dann
noch, als das junge Mutterglück die Gespenster verscheuchen
müßte, und Innstetten, den der Dienst viel vom Hause
fernhält, scheint den unsichtbaren häuslichen Popanz nicht
ganz ungern in seiner Wirkung auf die kleine Frau bestehen
zu lassen. Er verfehlt freilich seinen Zweck, denn in einer
halb unbewußten Reaktion gegen diese Erziehungstendenzen,
diesen ehelichen „Angstapparat aus Kalkül", verfällt Effi
nun gerade der suggestiven Macht eines gewiegten älteren
Frauenkenners, nicht aus Liebe, sondern nur durch die
Verstrickung und Verkettung von allerlei Umständen, unter
dem Drucke ihrer unberuhigten Situation und aus Mangel
an Erfahrung und Widerstandskraft. Ihrer allzu korrekten
Ehe fehlen die Huldigungen, Anregungen, kleinen Auf-
merksamkeiten, die ihre Schlingpflanzennatur gebraucht,
darum gewinnt in dem stillen Einerlei der Kleinstadt mit
ihrer gesellschaftlichen Zwangstortur die Verführung rein
um ihrer selbst willen Gewalt über sie. Es ist auch nicht
Scham oder Reue, was sie nachher forttreibt, es ist einzig
die Angst vor der möglichen Entdeckung, ein Zug, der
für die Menschen- und Frauenkenntnis des Dichters un-
gemein bezeichnend ist und den Effis Mutter schon an
ihrer Tochter kennt, wenn sie einmal von ihr sagt: „Ja,
Briest, du glaubst immer, sie könne kein Wasser trüben.
Aber darin irrst du. Sie läßt sich gern treiben, und wenn
die Welle gut ist, dann ist sie auch selber gut. Kampf und

Widerstand sind nicht ihre Sache." Daß sie dabei voller
Herzensgüte ist, wird nicht bestritten, aber: „wie's sonst
steht, da bin ich mir doch nicht sicher; ich glaube, sie hat
einen Zug, den lieben Gott einen guten Mann sein zu
lassen und sich zu trösten, er werde wohl nicht allzu streng
mit ihr sein." Ein paar Jahre lang scheint der liebe Gott
auch wirklich diesem Vertrauen Ehre zu machen; bis dann
doch eines Tages der Zufall den Verräter spielt und die
arme Effi über Nacht zu einer aus dem Paradies der guten
Gesellschaft vertriebenen Peri, einer vereinsamten und ge-
miedenen Frau macht. Erst das bedrohliche Fortschreiten
einer schleichenden Krankheit öffnet ihr nach schweren
Jahren wieder das verschlossene Elternhaus auf Hohen-
Cremmen und erspart ihr von allen Leiden das für sie
bitterste: in fremder Pflege sterben zu müssen.

Stärker als aus irgend einem andern seiner Werke redet
aus diesem die Überzeugung, die Fontanes dichterische
Weltanschauung beherrscht: es gibt keine Schuld, es gibt
nur ein Schicksal. Was er viel früher einmal in einer Be-
sprechung des „König Oedipus" über die antike Schicksals-
tragödie schrieb, die ihm an erschütternder Gewalt weit
höher zu stehen schien, als unsere Schuldtragödie mit ihrem
allzu logischen Mechanismus von Ursache und Wirkung,
das gilt fast unverändert von seinen Romanen, und besonders von diesem modernen Eva-Roman: „Das unerbittliche
Gesetz, das von Anfang an unsere Schicksale vorgezeichnet
hat, das nur Unterwerfung und kein Erbarmen kennt und
neben dem unsere sittliche Weltordnung, wie eine klein-
bürgerliche, in Zeitlichkeit befangene Anschauung besteht,
dies unerbittliche, unser kleines Woher und Warum, unser

QVOD FELIX FAVSTVMQVE SIT

AVSPICIIS LAETISSIMIS ET SALVBERRIMIS

SERENISSIMI AC POTENTISSIMI PRINCIPIS

GVILELMI II.

IMPERATORIS GERMANORVM

BORVSSIAE REGIS

REGIS AC DOMINI NOSTRI SAPIENTISSIMI IVSTISSIMI CLEMENTISSIMI

EIVSQVE AVCTORITATE REGIA

VNIVERSITATIS LITTERARIAE FRIDERICAE GVILELMAE

RECTORE MAGNIFICO

OTTONE PFLEIDERER

THEOLOGIAE DOCTORE EVENDEMQVE PROFESSORE PVBLICO ORDINARIO

EX DECRETO ORDINIS AMPLISSIMI PHILOSOPHORVM

PROMOTOR LEGITIMVS CONSTITVTVS

FERDINANDVS DE RICHTHOFEN

PHIL GEOGRAPHIAE ET MINERALIAE DOCTOR GEOGRAPHIAE PHYSICAE IN HAC VNIVERSITATE PROFESSOR PVBLICVS ORDINARIVS REGI A CONSILIIS ACADEMIAE INTIMIS ORDINIS AQVILAE RVBEAE IN QVARTA CLASSE L... VON ACADEMIAE SCIENTIARVM REGIAE BORVSSICAE ACADEMIAE BORVSSIARVM CAESAREAE VINDOBONENSIS ACADEMIAE SCIENTIARVM REGIAE BAVARICAE SOCIETATIS SCIENTIARVM REGIAE GOTTINGENSIS SOCIVS EPISTOLARIS ACADEMIAE REGIAE ITALICAE LYNCEORVM SODALITATIS GEOLOGICAE LONDINENSIS ACADEMIAE SCIENTIARVM AMERICANAE NATIONALIS SOCIVS EXTERVS SOCIETATIS SCIENTIARVM REGIAE IAPONICAE ACADEMIAE CAESAREAE LEOPOLDINO-CAROLINAE GERMANICAE SOCIVS ORDINARIVS COMPLVRIVM SOCIETATVM SCIENTIIS GEOGRAPHICIS GEOLOGICIS NATVRALIBVS PHYSICIS DEDITARVM SOCIVS VEL ORDINARIVS VEL HONORVS VEL HONORARIVS

FACVLTATIS PHILOSOPHICAE H. T. DECANVS

VIRO ILLVSTRISSIMO EXCELLENTISSIMO

THEODORO FONTANE

BEROLINENSI

POETAE EXIMIO

PROSA FACVNDIA CARMINVMQVE VENVSTATE PARITER INSIGNI
GESESTATEM NATIONIS GALLIAE NOBIS CVM GERMANORVM INIMICO FELICITER CONCILIATIS
GRATIA POLLENTI VIRTVTE POTENTI

NARRATORI INGENIOSO

PER TERRAM BORVSAM INCOLARVM PRIMORDIA MONVMENTA MAIORVM SAGACI INVESTIGATIONE PERSECVTO
ET PRAETERITORVM TEMPORVM MEMORIA SVSCITATA PECTVIBS STATVVM VARIEGATIS RERVM STATVM
PRAESENTEM TITVLIS COLORIBVS ILLVSTRANTI

CIVI EGREGIO

PATRIAE VERIS VISSIMVSNISQVE RELLOSIS CIVILISVS LITTERARIIS ET AMANTES ET FIDELITER POSTERORVM
NOSTRORVM RECORDATIONI MANDATIS SVAE QVOQVE PVERITIAE REFVS AC MEMORES RVPIS ABTATIS ANNO
SEPTVAGESIMO EXACTO IVVENILI IVVENTATE VIGORE SENILI EXARILAVIS DE PATRIA CIVIVSQVE BENE MERITO

PHILOSOPHIAE DOCTORIS ET ARTIVM LIBERALIVM MAGISTRI

DIGNITATEM ET ORNAMENTA

DIE VIII. K. NOVEMBRIS A. MDCCCLXXXXIII

HONORIS CAVSA CONTVLIT

COLLATAQVE

PVBLICO HOC DIPLOMATE

PHILOSOPHORVM ORDINIS OBSIGNATIONE COMPROBATO

IMOCLXXX VII

BEROLINI

TIPIS EXPRESSIT GVSTAVE SCHADE OLIM FRANCKE

EHRENDOKTORDIPLOM FÜR FONTANE

Entworfen von Theodor Mommsen

ganzes Klügeln mit dem Finger beiseite schiebendes Gesetz,
das ist es, was die Seele am tiefsten fassen muß, nicht dies
Zug und Klippklappspiel von Schuld und Sühne, nicht die
alte Leier von Zahn um Zahn." Es ist wie ein unsichtbarer
Zwang, unter dem alle diese Menschen handeln: Effi, als sie
sich in das verschwiegene Abenteuer mit Crampas treiben läßt;
Innstetten, als er den einstigen Nebenbuhler im Duell erschießt,
ohne Haß oder Zorn nach so langen Jahren, nur weil er sich
zu sehr als Glied des großen Gesellschaftskörpers fühlt; selbst
Crampas, als ihn die eigene triste Ehe an der Seite einer kran-
ken Frau von Effis Jugendreiz unwiderstehlich bezaubert werden läßt, und nicht zuletzt die alten Briests, die zu früh
bei Effis Frauenschicksal die Vorsehung gespielt haben und
sich darum zuletzt selbst der Mitschuld an allem anklagen
müssen. Aber die wirkliche Schuld, wer trägt sie? Niemand oder alle, nur in keinem Fall ein einzelner. Jene unsichtbaren Schicksalsmächte tragen sie, die uns ins Leben
hineinführen und dann der Pein überlassen . . .

Noch einmal wird man an dieser Schöpfung des Sieben-
undsiebzigjährigen wieder deutlich gewahr, daß sich Fontanes Romantechnik aus dem Balladenstil entwickelt hat.
Die charakteristischen Sprünge im Gang der Erzählung
sind ein Merkzeichen dafür, ein anderes die verhüllende
Kunst der Andeutung, die entscheidende Geschehnisse nicht
darstellt, sondern aus Reflex- und Schattenwirkungen nur
erraten läßt. Wenn man schon öfters „Effi Briest" das
deutsche Gegenstück zu „Madame Bovary" genannt hat,
so liegt die Berechtigung dazu viel mehr in den Gegen-
sätzen, als in den stofflichen Ähnlichkeiten beider Meister-
werke. Flaubert, der exakte Realist, folgt jedem Stadium

der Verführung seiner Heldin fast mit dem Sekunden-
zeiger; Fontane überschlägt ganz im Stile des Balladen-
dichters solche leicht erratbaren Vorgänge ganz und überläßt es dem Leser, sich das Wann und Wieso aus dem
weiteren Verlaufe der Dinge selbst zurechtzudenken. Stoffliche Sensationen zu geben verschmäht er durchaus, und
es ist eine Konsequenz dieser Abneigung gegen jede Art
Theaterwirkung, wenn er Instettens verspätete Entdeckung
von Effis Untreue in die Zeit ihres Verreistseins verlegt,
wodurch jede Szene zwischen den Gatten vermieden bleibt;
oder wenn er das unvermeidliche, aber oft geschilderte
Duell mit einem lakonischem Minimum von wenigen Zeilen
abtut; oder wenn er das Wiedersehen der alten Briests
mit der heimkehrenden verlorenen Tochter sich ungesehen
im Zwischenakt zwischen zwei Kapiteln abspielen läßt.

SEINER ALTEN HEIMATLICHEN LIEBE FÜR
den märkischen Armeeadel, dessen ruhmreiche Geschichte ihm so genau vertraut war, ist Fontane in
seinen letzten Werken dann vollends treu geblieben, aber
nirgends hat er diese Kreise mit größerer Liebenswürdig-
keit, um nicht zu sagen Verliebtheit geschildert, wie in der
kleinen Erzählung von den „Poggenpuhls“, die in einer kurzen
Szenenfolge von denkbar losester Ungezwungenheit einen
Ausschnitt aus dem kargen Leben einer verarmten Berliner
Offiziersfamilie gibt. Ompteda, der in seinen großen
Adelsromanen auf ähnliche Wirkungen ausgeht, braucht
immerhin jeweils zwei starke Bände, um ein Milieu zu
erschöpfen, das hier auf zwölf Dutzend Seiten und mit
einem beispiellos geringen Aufwand an äußeren Vorgängen erschlossen wird. Insbesondere der größere erste

Teil des Buches, der von der kurzen Urlaubsreise Leos
von Poggenpuhl zu der Mutter und den drei Schwestern
in Berlin handelt und in dem gemeinsamen Besuch des
Schauspielhauses auf Kosten eines alten Generalonkels gipfelt,
ist trotz dem enggestellten Rahmen mit allen Lichtern fontanischen Humors illuminiert und gehört schlechtweg zu
dem entzückendsten, was wir dieser seiner reifsten und
letzten Schaffenszeit verdanken. Der ängstlich sparsame
Zuschnitt des kleinen Damen-Haushalts, die Art, wie die
drei verschieden veranlagten Töchter der in Sorgen und
Sparen gealterten Mama die verschämte Armut tragen
helfen, die Unwiderstehlichkeit des leichtsinnigen Schlingels
Leo, des allgemeinen Angstkinds, dem doch keiner gram
sein kann, die treue alte Friederike, für die auch die leerste
Vorratskamer längst ihre Schrecken verloren hat, das alles
und anderes ergibt ein Lebensbild von so intimem Reiz,
wie nur die Eingebung einer glücklichen Stunde es hervor-
bringen konnte.

Gerade daran, daß die kleine Erzählung kaum mehr
als ein Flöckchen von erzählbarer Handlung enthält, offenbart sich in besonderem Grade die für einen Epiker ganz
einzige Gabe Fontanes, bloß durch das Medium des gesprochenen Wortes seine Menschen bis auf Blut und Faser
zu charakterisieren: eine Gabe, die eben nur durch die ge-
sammelten Beobachtungen und Momentstudien eines langen
Lebens zu solcher Vollendung entwickelt werden konnte.
Und von diesem Gesichtspunkt aus betrachtet, hat der nahe-
zu Achtzigjährige in seinem letzten und persönlichsten
Werke, dem „Stechlin", tatsächlich die Höhe seines Schaffens erreicht: einem der merkwürdigsten Bücher unserer

gesamten Erzählungsliteratur und wohl dem einzigen Roman überhaupt, dessen Held oder richtiger gesagt Haupt-
person ein fast siebzigjähriger Greis ist. Es ist ein Ab-
schiedswerk, ein dichterisches Testament, und alle Register
der fontanischen Welt- und Menschenauffassung werden
darin gespielt. Man geht kaum zu weit, wenn man in
Dubslav von Stechlin, dem Major a. D. und Ritterguts-
besitzer, ein Selbstporträt des Dichters erblickt, zum mindesten ein Porträt, das viele seiner eigenen Züge trägt,
und schwerlich ist es ein Zufall, daß der Wohnsitz dieses
Dubslav die alte Grafschaft Ruppin ist, in der Fontane
selbst seine erste Kindheit erlebt hat.

NICHTS VON VERBITTERUNG, GALLE
oder Grämlichkeit hat über diesen einsamen Alten
Macht gewonnen, in dessen ländliches Stilleben nur
die seltenen Besuche seines einzigen Sohnes Woldemar kleine
Abwechslungen bringen. Er hat sich den hellen Blick und
das warme Interesse für die kleinen wie die großen Gegenstände der Welt bewahrt, ohne an ihnen zu hängen. Mit
einer ausgesprochenen Abneigung gegen jede Art von Über-
heblichkeit und Prinzipienreiterei verbindet sich in ihm eine
von Natur edelmännische Denkart und die wunschlose Güte
eines ruhigen, aber geistig wachen Greisenalters. Den Versuch
seiner konservativen Freunde, ihn zum Vertreter seines
Reichstagswahlkreises zu machen, läßt er gemach über sich
ergehen, weil er sich einer staatsbürgerlichen Pflicht nicht
aus egoistischer Bequemlichkeit entziehen will; aber über
den Ausgang dieses Versuchs macht er sich keine Illusionen,
und sein Scheitern trägt er mit der humoristischen Gemüts-

WALTER LEISTIKOW

MÄRKISCHER SEE

ruhe des Mannes, der das Seinige getan hat. Tolerant gegen
Andersdenkende, führt er Religion oder Patriotismus niemals
auf der Zunge; kein unzufriedenes, säuerliches Wort, keine
Patriarchenpose verrät den laudator temporis acti, der alten
Leute sonst meist im Blute steckt. In seinem ganzen Wesen,
nicht nur Gleichstehenden gegenüber, spricht sich jene höchste
Form der „Politesse" aus, die mit Höflichkeit allein nicht aus-
reichend übersetzt wird. Er selbst schreibt sich eine „na-
türliche Neigung zum Ausplaudern, zum Plaudern überhaupt" zu, und in der Art, wie er für jedes Gespräch den
richtigen und besonderen Ton trifft, für Woldemar oder dessen
Regimentskameraden, für die junge Komteß-Schwieger-
tochter oder deren weltkluge ältere Schwester, für den Pastor,
für den Doktor, den sammelbeflissenen Schulmeister, für
die etwas spinöse Schwester Adelheid, die Domina auf
Kloster Wutz, für die barfüßige Dorfjugend und nicht zuletzt für die eigenen Dienstleute, — in der Kunst, sich
mit jedem in der ihm angemessenen Weise und Distanz
zu unterhalten, offenbart sich der feine Menschenversteher
und Menschenfreund. Kurz: kein Programm-Edelmann,
kein Edelmann nach der Schablone, wohl aber, wie Pastor
Lorenzen ihm am offenen Grabe nachrühmt, „ein Edelmann
nach jenem alles umschließenden Etwas, das Gesinnung
heißt".

Die wundervolle Sonnenuntergangsbeleuchtung der letzten
Kapitel, in denen der Tod den alten Schloßherrn von Stechlin
allmählich antritt, reflektiert schon unmittelbar die Scheide-
stimmung des Dichters selber, der fast um die gleiche Zeit
entschlafen sollte, da dies sein letztes Werk an der Öffentlichkeit erschien. Und fast alles, was auf den alten Dubslav

von Stechlin paßt, paßt auch auf seinen Schöpfer und
Doppelgänger. Ob dieser auch zweifellos als geistige
Potenz der Größere von beiden war, im Reden und Denken,
im Verkehr mit den Menschen, im ganzen Stil der Lebens-
auffassung sind sie kaum voneinander zu unterscheiden,
und Fontane schrieb sich selbst ein Stück seines Nach-
rufs, als er den Stechliner Pastor am Sarge seines alten
Herrn die Worte sprechen ließ: „Er war recht eigentlich frei. Wußt es auch, wenn er's auch oft bestritt.
Das goldene Kalb anbeten war nicht seine Sache. Daher
kam es auch, daß er vor dem, was das Leben so vieler
anderer verdirbt und unglücklich macht, bewahrt blieb, vor
Neid und bösem Leumund. Er hatte keine Feinde, weil
er selber keines Menschen Feind war. Er war die Güte
selbst, die Verkörperung des alten Weisheitssatzes: ‚was du
nicht willst, daß man dir tu . . .' Denn er hatte die Liebe.
Nichts menschliches war ihm fremd, weil er sich selbst
als Mensch empfand.''

SICH SELBST ALS MENSCHEN EMPFINDEN,
die Begrenztheit menschlichen Wollens und Strebens
einsehen, nicht streng und selbstgerecht gegen andere sein, das Leben nicht feierlich nehmen, das Glück auch
im kleinen suchen und finden, mit dem Herzen denken und
mit dem Geist fühlen: das ungefähr war sein Standpunkt und
sein Bekenntnis. Er war Skeptiker, aber er war es nur inso-
weit, als er den wahren Wert der realen und idealen
Güter dieser Welt von ihrem Illusionswert sehr klar zu
unterscheiden wußte. Er liebte die Menschen mit all
ihrer überlieferten Unvollkommenheit und hatte die Passion,

sie zu studieren, sie allein. Ihr Irren, Schwanken, Straucheln
interessierte ihn mehr, als ihr korrektes Sicher-gehen; in
ihren Schwächen standen sie ihm näher als in ihren Tugen-
den; denn seine innerste Überzeugung verneinte jede abso-
lute Willensfreiheit und Selbstbestimmung. Doch ging
dieser Determinismus bei ihm nicht so weit, die persönliche Verantwortung und den Imperativ sittlicher Pflichten
durch einen gewissensträgen Kismetglauben aufzuheben:
gerade aus dem Zusammenprall des Einzelwillens mit dem
Walten höherer Mächte ließ er die Irrungen seiner Menschen sich ergeben. „Es gibt ein Fatum," lautet einer
seiner Glaubensartikel, „und weil es ein Fatum gibt, geht
alles seinen Gang, dunkel und rätselvoll und nur mitunter
blitzt ein Licht auf, und läßt uns gerade soviel sehen, um
dem Ewigen und Rätselhaften seine Launen und Gesetze abzulauschen." Daher auch die gelegentlichen Aus-
sprüche, daß das Leben „nichts ohne Hilfskonstruktionen"
sei, daß alles Glück sich auf einem „Mittelzustand" auf-
baute, daß „das Nebensächliche eigentlich die Hauptsache",
daß das „große" Glück nur ein Märchen sei, und daß man
in dessen Erwartung all die kleinen Freuden aufpicken
müsse, die das Leben alltags biete. Eine aufgeklärte Resignation, nicht ein schwächliches Verzagen und Verzichten
liegt dieser Weltauffassung zu grunde. Es heißt nicht
pessimistisch: „alles ist eitel", wohl aber: „alles ist nur auf
Stunden wichtig". Nicht der Lebensverachtung wird das
Wort geredet, abgemahnt wird nur von der Überreizung
der Wünsche und Ansprüche, von der Jagd nach einem Glück,
das zu allermeist nur in der Einbildung besteht.

Ein Skeptiker war Fontane, und darum war er ein

Realist. Denn wie der Skeptizismus die realistische Form
der Weltbetrachtung bedeutet, so der Realismus den
Skeptizismus in der Kunst. Aber er war vielmehr ein
Realist des Inhalts als der Technik, und das scheidet ihn,
den keiner Schule zugehörigen Einzelgänger, von der
jungen Generation, die ihn gern ganz zu den ihrigen
rechnet. Seine Technik verstößt vielmehr in so mancher
Hinsicht direkt gegen realistische Gesetze. Mit der Darstellung rein äußerlicher Dinge hält er sich überhaupt nicht
auf, höchstens daß gelegentlich die Physiognomie eines Ge-
bäudes oder eines Zimmers der Rahmenwirkung halber
mit ein paar Strichen skizziert wird. Jede Art Personal-
beschreibung verschmäht er ganz und gar, wenn es nicht
gerade gilt, die absonderliche Erscheinung irgend einer
Nebenfigur mit einigen Kennzeichen auszustatten. Von
keiner seiner Frauengestalten erfahren wir auch nur, ob sie
blond oder braun, schlank oder voll, groß oder zierlich ist.
Am deutlichsten aber tritt der Gegensatz zwischen Inhalts-
und Formrealismus im Dialog zu tage, der bei Fontane
immer als der große Hauptschlüssel für alle Charaktere und
Handlungen dient. Mit der Brille des konsequenten Realisten angesehen, erscheinen die Reden fontanischer Menschen bisweilen, wenigstens in den früheren Romanen,
etwas auf Schrauben gesetzt, die Antworten allzu schlag-
fertig und druckreif, um den unmittelbaren Eindruck der
Wirklichkeit zu machen — zumal auf uns, die das natura-
listische Drama darin empfindlich gemacht und das Zeit-
alter des Fernsprechers und der Ansichtskarte jener alt-
modischen Kunst des Konversationsmachens wie der des
Briefschreibens entwöhnt hat. In den späteren Werken

„DER KUSS DER MUSE"

Nach einer Bleistiftzeichnung A. von Menzels zu Fontanes 70. Geburtstage (20. Dez. 1889)

Original im Besitze von Frau Martha Fritsch geb. Fontane

hat sich dieser papierne Rest fast ganz verflüchtigt, und
man wird den künstlerischen Fortschritt recht deutlich
inne, wenn man etwa ein Tischgespräch im Hause Van der
Straaten oder St. Arnaud mit denen vergleicht, die in der
Villa Treibel oder auf Schloß Stechlin geführt werden.
Immer aber, auch wo es mit dem rein äußerlichen, sozusagen akustischen Realismus der Gespräche etwas hapert,
ist doch der Inhalt des Gesprochenen für den Sprecher
treffend charakteristisch und der Situation gerecht. Es ist
darum auch nur halb richtig, wenn man Fontanes Roman-
personen nachgesagt hat, sie sprächen zu sehr alle eine
Sprache, eben die fontanische. Das tun sie wohl für das
nur auf realistische Klangwirkungen eingestellte Ohr, dank
einer gewissen Stereotypie in manchen Satzwendungen,
Fragestellungen, kleinen Redeschnörkeln u. dgl. Aber
diese unleugbare Ähnlichkeit gewisser Ausdrucksformen
läßt noch ganz ebenso reichlichen Spielraum für die Man-
nigfaltigkeit der individuellen Sprechweise, wie die Mund-
art einer großen Provinz, und nur der oberflächlichsten
Prüfung kann die unerschöpflich reiche innere Nüancierung
dieser Gespräche entgehen und die oft verblüffende Beherrschung der feinsten Akzente und Untertöne.

Der Neigung zum Reden und Redenlassen entspricht
die Abneigung gegen den Gebrauch der indirekten Rede,
die so weit geht, das Fontane seine Menschen meistens
auch in direkter Form, oft in langen Monologen, denken
läßt. Und wo Gespräch und Selbstgespräch nicht aus-
reichen, greift er mit Vorliebe zu der dritten Form der
unmittelbaren Aussprache, zum Brief. Er wendet diese Art
der Mitteilung, die sonst in schlecht komponierten Ro-

manen so oft als bequeme Not- und Eselsbrücke miß-
braucht wird, nur sehr sparsam an, aber sie wird in seinen
Händen jedesmal zu einem wichtigen Kunstmittel und
dient zumeist entweder dazu, eine noch im Dunkeln liegende
Situation mit einem Schlage transparent zu machen oder
nach Art des antiken Botenberichts, Geschehnisse zu rekapi-
tulieren, die zur unmittelbaren Darstellung nicht geschaffen
erschienen.

Die recht eigentlich bevorzugte Form der Gespräche
bei Fontane sind die Tischgespräche, ein Zug, der teils
einer liebenswürdig-menschlichen Schwäche ihres Verfassers
für alles Kochbuchliche und Kulinarische, teils der wohl-
begründeten Beobachtung entspringt, daß nirgendwo sich
die Zungen leichter lösen als in einer geselligen Tafelrunde. In der Art, wie er diese Unterhaltungen hinter
Glas und Teller von Gruppe zu Gruppe zu dirigieren und
über die denkbar unterschiedlichsten Gegenstände hinzu-
leiten weiß, liegt etwas von strategischer Kunst. Geht es
irgend an, so wird der Schauplatz solcher Symposien aus
dem geschlossenen Raum heraus ins Grüne verlegt wie denn
die Landpartie als Episode (gewöhnlich mit dem passenden
Fischessen verbunden) zu den ausgesprochenen kleinen
technischen Liebhabereien Fontanes gehört. Ein Zug ins
Freie, ein förmliches Bedürfnis nach frischer Luft beherrscht
überhaupt seine Erzählungen, und es wäre nicht schwer
nachzuweisen, daß sich ihr weitaus größter Teil unter
freiem Himmel, in Gärten, auf Veranden, Terrassen, Bal-
konen, in Gartenlokalen, auf Spaziergängen oder - Ritten u. dgl.
abspielt.

Neben den Tischunterhaltungen sind die Gespräche

zwischen und mit den Dienstboten eine mit besonderer
Vorliebe gepflegte Spezialität, und die alten Domestiken
oder Faktotums beiderlei Geschlechts fehlen fast in keinem
der vielen Romane, wo sie halb die Rolle des altgriechischen
Chors, halb die des Räsonneurs im modernen Theater-
sinne spielen. Vom alten Jeetze in „Vor dem Sturm" an-
gefangen bis zu Effi Briests pudeltreuer Roswitha und dem
trefflichen Engelke im „Stechlin" zieht sich ein ganzer
Reigen solcher dienstbarer Originale, die das langjährige
Vertrauen ihrer Herrschaften genießen und in ihrer ge-
sunden Einfalt oft schärfer und richtiger sehen als diese.
Sie gehören fast so unvermeidlich zu den lebenden Inven-
tarstücken der fontanischen Romane, wie die Geistlichen,
die darin ebenfalls in allen erdenklichen Profilen und Typen
vertreten sind.

Alle diese Diener der Kirche sind ausnahmslos ehren-
werte, zumeist liebenswürdige, weltfreundliche Persönlich-
keiten, und nicht einer von ihnen trägt die unsympathischen
Züge seines Standes, pfäffischen Dünkel oder engherziges
Ketzerrichtertum zur Schau. Darin drückt sich die hohe
Wertschätzung aus, die Fontane für das Seelsorgeramt
jederzeit hegte, ob ihn gleich selbst in den letzten Jahrzehnten seines Lebens kaum noch eine Kirche sah. An den
Predigten guter Berliner Kanzelredner, wie Kögel, Büchsel,
Frommel, konnte er sich mit dem Genuß der Kennerschaft
erbauen; nur die Eiferer widerstanden ihm, und das äußerliche „Kattunchristentum" gewisser bürgerlicher Kreise er-
regte seinen Ekel. Seine eigene Religiosität war an kein Bekenntnis gebunden, und so fest er persönlich mit seinen
ganzen Anschauungen im Boden des Calvinismus wurzelte,

in dem er, der französische Emigrantensproß, geboren und erzogen worden war, so empfand er doch z. B. den Katholizismus nicht ohne weiteres als feindliche Macht, ja, sein „Graf Petöfy", in dem ein kluger Jesuitenpater in freundlichstem Lichte erscheint, endet beinahe wie ein Bourgetscher Roman mit einem kleinen Weihrauchwölkchen, und die schöne Cécile, obwohl Konvertitin, kehrt in der Todesstunde mit Heimwehgefühlen zu ihrem katholischen Glauben zurück. Und mit ganz derselben Unbefangenheit, wie den anderen christlichen Bekenntnissen, stand Fontane dem Judentume gegenüber: ohne ihm je mit liberalen Marktworten zu schmeicheln, respektierte er es als ein historisch Gewordenes, und wo er jüdische Typen darzustellen hat, hält er stets den gerechten Ausgleich zwischen Licht und Schatten ein.

Liberal gesinnt war er überhaupt mehr mit dem Verstande und in der Theorie, im Herzen hatte das Konservative bei ihm doch wohl „einen Pas voraus", seitdem die erste jugendliche Schwärmerei für die Ideale von Achtundvierzig ruhigeren Auffassungen gewichen war. Dem Selbstbestimmungsrecht der Masse zog seine stark auf Ordnungssinn gestellte Natur „festes Gesetz und festen Befehl" vor, und ein aufgeklärtes Personalregiment, wie das des alten Fritzen, oder ein patriarchalisches System, wie das der beiden Mecklenburge, kam seinem politischen Wohlfahrtsideal im Grunde näher, als das demokratische Parteiprogramm, wenn auch die ganze Entwicklung der tatsächlichen Verhältnisse ihn seinem eigenen Zeugnis nach später mehr und mehr nach links rücken ließ. Im übrigen ließen sich seine politischen Anschauungen, die, mit ihm selbst zu

Wo Bismarck liegen soll

(Geschrieben am 31. Juli 1898)

Nicht in Dom oder Fürstengruft,
Er ruh' in Gottes freier Luft
Draussen auf Berg und Halde,
Noch besser tief, tief im Walde;
Widukind lädt ihn zu sich ein:
,,Ein Sachse war er, drum ist er mein,
Im Sachsenwald soll er begraben sein.''

Der Leib zerfällt, der Stein zerfällt,
Aber der Sachsenwald, der hält,
Und kommen nach dreitausend Jahren
Fremde hier des Weges gefahren
Und sehen, geborgen vorm Licht der Sonnen,
Den Waldgrund in Epheu tief eingesponnen,
Und staunen der Schönheit und jauchzen froh.
So gebietet einer: ,,Lärmt nicht so! —
Hier unten liegt Bismarck irgendwo.''

Theodor Fontane

BISMARCKS GRAB

reden, allzeit etwas wackliger Natur waren, niemals auf das
Schienengeleis einer einzelnen Partei stellen, dazu saß ihm
die Abneigung vor jedweder Art Doktrin zu tief, aber
wenn die nüchterne Erkenntnis der Notwendigkeit ihn zum
Hospitanten der Linken machte, so standen seine menschlichen Sympathien — dafür zeugen die Balladen und Romane — durchaus auf der märkischen Junkerseite. Hier
fand er „trotz Egoismus und Quitzowtum, oder vielleicht
auch um beider willen, einen ganz eigentümlichen Charme",
den herauszufühlen und mit den Mitteln seiner Gestaltungs-
kunst dichterisch umzuprägen ihm wie keinem anderen gegeben war. Seine ganz eigene und unvergleichliche Art,
das Junkertum mit eben diesem Charme darzustellen, kommt
geradezu einer künstlerischen Überwindung der Elblinie
gleich, die in unserer Zeit der wirtschaftlichen Kämpfe eine
ähnliche Bedeutung besitzt, wie die Mainlinie in den politischen von ehedem.

Am meisten aber hatte es ihm der größte aller preußischen Junker angetan, den das Geschick für die Dauer eines
Menschenalters zum Leiter der europäischen Politik bestimmt
hatte. Es lag nicht in Fontanes Art, seiner Passion für
den genialen Realisten der Staatskunst durch unmittelbare
Huldigungen in Vers oder Prosa Ausdruck zu leihen (das
Gedicht zum siebzigsten Geburtstag war ein Gelegenheits-
schwärmer), aber fast in alle seine Romane aus der Gegenwart fällt bald da, bald dort der Riesenschatten des großen
Kanzlers hinein und läßt sein Wirken und seine Nähe wie
die einer großen Naturerscheinung ahnen. Der erste dieser
Gegenwartsromane spielt ungefähr um die Zeit des Berliner
Kongresses; der letzte, der „Stechlin", einige Zeit nach dem

ersten denkwürdigen Kanzlerwechsel: so umfassen sie in
ihrer Gesamtheit die eigentliche Höhe der bismarckischen
Ära und geben in ihrem ganzen Um und Auf die getreueste
Spiegelung jener Epoche, die wir besitzen, und ein gesell-
schaftspsychologisches Dokument, aus dem späteren Gene-
rationen unmittelbarer als aus dicken Kulturgeschichten
der Geist der ganzen Zeit entgegenwehen muß. Und bei
allem Unterschied der Wirkungskreise und der Tempera-
mente darf man von einer unleugbaren Verwandtschaft der
beiden Männer, zumal in den Greisenjahren ihrer Lebensweisheit, sprechen, einer Verwandtschaft, die sich namentlich auf einem schriftstellerischen Gebiete zeigt, in dem
beide auf ihre Weise exzellierten: in ihren Briefen. (Gra-
phologen mögen vielleicht aus der Tatsache, daß sowohl
Bismarck als Fontane zeitlebens nur mit Gänsefedern schreiben
konnten, ihre tiefsinnigeren Schlüsse ziehen.) Des Dichters
dermaleinst in Versen geäußerter Wunsch, ,,das mit Bismarck'' noch zu erleben, ist ihm von einer freundlichen Vorsehung bis zum letzten Punkt erfüllt worden: ihm war es
noch beschieden, für die allgemeine Stimmung beim Tode
des großen Sachsenwälders den zugleich großartigsten und
schlichtesten Ausdruck in wenigen Gedichtzeilen zu finden,
bevor er nur ein paar Wochen später selber die hellen
Spaziergängeraugen auf immer schloß.

Mit dem Allerbarmer Tod war Theodor Fontane
von je gut Freund gewesen: kaum eine ist unter seinen
Erzählungen, in der eine Begräbnis- oder Friedhofsszene
fehlte. Und so war auch seine eigene Todesstunde kein
Angst- oder Schreckensfall, sondern ein ruhiger Ausklang,
ein kurzer, leichter, unangemeldeter Abschied von einem

Dasein, das trotz vieler Wolken und Schatten doch schließlich noch von der Sonne des Erfolges vergoldet worden
war. Nahe umrauscht von dem tausendstimmigen Leben
der Großstadt, dessen Poesie sein empfängliches Dichter-
herz mit so viel Heimatliebe zu empfinden und zu genießen wußte, liegt seine Grabstätte im hohen Norden
Berlins. Kein Denkmal deckt sie, nur eine einfache Tafel
trägt den Namen, der so vielen teuer und unvergeßlich
geworden ist. Auch die übliche Grabschrift fehlt, und es
bedarf ihrer nicht. Was sie ungefähr enthalten müßte,
drücken am besten die Zeilen eines Gedichtes aus, das
Theodor Fontane dereinst in dem schönen Hochgefühl des
Mannes, der zeitlebtns sich selber treu geblieben ist, auf
sich gemünzt hat:

> Die Menschen kümmerten mich nicht viel,
> Eigen war mein Weg und Ziel.
>
> Ich mied den Markt, ich mied den Schwarm,
> Andre sind reich, ich bin arm.
>
> Andre regierten (regieren noch),
> Ich stand unten und ging durchs Joch.
>
> Entsagen und Lächeln bei Demütigungen,
> Das ist die Kunst, die mir gelungen.
>
> Und doch, wär's in die Wahl mir gegeben,
> Ich führte noch einmal dasselbe Leben.
>
> Und sollt ich noch einmal die Tage beginnen,
> Ich würde denselben Faden spinnen.

VERZEICHNIS DER ABBILDUNGEN.

www.ingramcontent.com/pod-product-compliance
Lightning Source LLC
Chambersburg PA
CBHW021234020726

47498CB00008B/2844